JN011917

アジ研選書55

東アジアの人文・社会科学における研究評価

——制度とその変化——

佐藤 幸人 編

まえがき

　本書はアジア経済研究所において，2017年度から2018年度にかけて実施された研究プロジェクト「21世紀アジア諸国の人文社会科学における研究評価制度とその影響」の成果である。さらに遡って2015年度には，予備的な研究プロジェクトとして，「東アジアの人文社会科学における論文データベースと評価制度」を実施している。

　本書を刊行するにあたって，この研究プロジェクトに対する編者としての思いを，この場で述べるわがままをお許しいただきたい。わたし個人にとって，本書は懺悔の書である。ふたつの後悔の念が，わたしをこの研究プロジェクトの企画・実施に駆り立てた動機になっている。

　ひとつは過去の自分の無知に対する悔いである。わたしが研究評価制度を問題として明確に意識したのは，2001年7月，2度目の在外研究のため，台湾の中央研究院に到着した日である。第2章でも述べているように，当時，中央研究院では，数量的な指標に基づいた研究評価制度の導入が急速に進められていた。これがその後，大学にも広がり，台湾の人文・社会科学では「SSCIシンドローム」と呼ばれるような，大きな問題になるのである。わたしのカウンターパートであった社会学研究所の鄭陸霖氏（現在，実践大学）は，台湾に着いたばかりのわたしに，導入されつつあった研究評価制度がいかなる副作用を及ぼす恐れがあるのかを，熱心に語った。

　鄭氏の熱い語りはいつものことなのだが，わたしはこの話にはとりわけ強い衝撃を受け，日本台湾学会のウェブサイトで始めた「台北だより」の第1回「九年ぶりの長期滞在（2001年7月24日）」でとりあげ，中央研究院の研究評価制度の問題点を指摘した（http://jats.gr.jp/archives/sato.html#001）。さらに，2003年，帰国後に朝日新聞社のアジアネットワークに参加し，関連する議論を新聞紙上でも行った（「『知』の共有促す制度を」http://www.asahi.com/international/aan/hatsu/hatsu040303b.html）。以来，研究評価制度はわたしにとって重要な研究課題のひとつとなった。

しかしながら，この問題を追い続けるなかで，次第にそのバックグランドの深さと広がりに気づき，それを知らずに論じていたことを悟って，このままではいけないという思いを募らせるようになった。地域研究では往々にして，研究対象の現実から受けたインパクトに突き動かされて研究を始め，その分析枠組みを後から構築していく。その過程で，当該の問題がすでにどのような分野で，どのように論じられているのかを組み込んでいく。しかし，研究評価制度に関しては，わたしが最初に受けた衝撃がとても大きかったため，ついつい先走ってしまい，通常の手順を十分に踏まずに議論を始めたところがあった。これがひとつめの後悔である。幸いにして，早い段階で述べたことは，以前より問題の深さと広さを知った今から顧みても，的外れなことばかりではなさそうであるが，それでも恥じ入るところが多々ある。

　研究評価制度をめぐる議論の広さと深さは，その学際性に起因する。少なくとも知識社会学，教育学の高等教育研究，図書館情報学が深くかかわっている。わたしの場合，鄭氏をはじめ，社会学者と議論する機会は多く，彼らから学ぶ機会には恵まれていた。そのおかげで，議論がおかしな方向に進むことがなかったのだと思う。とはいえ，それだけでは不十分であった。

　幸運なことに，アジア経済研究所には優れたライブラリアンたちがいる。彼らとともに研究すれば，図書館情報学の不足を補えるだろうと期待した。それが本書に至る道程を始めるにあたって，重要な動機のひとつであった。実際，引用索引データベースや，それを使ったインパクトファクターなどの数量的指標については，彼らから，また彼らとともに，多くを学ぶことができた。教育学の不足は，プロジェクトの中で文献を読み，講師を招聘してお話をうかがうことで補うように努めた。まだ十分とはとてもいえないが，二十年近く前のスタート時に比べれば，多少なりとも前進できたように思う。

　もうひとつは研究評価の当事者としての後悔である。在外研究から帰った2003年から，アジア経済研究所でも評価制度が導入され，その結果が昇給・賞与や昇進に反映されることになった。わたしは同時に管理職になったので，評価されるばかりでなく，評価する側にもなった。

　しかしながら，本書で批判的に論じていることを，わたしはアジア経済研究所の評価制度に反映させることは，ほとんどできずにいる。とくに2014年からは新領域研究センター長として，制度設計にも一定の発言ができる立場になったにもかかわらず，研究から得られた知見を生かすことができなかった。制度の制約ゆえに致し方なかったといえばそれまでだが，つねに自責の念を持ちつつ，評価に携わってきた。本書には，ある意味，ささやかな罪滅ぼし，幾許かの慰みという側面がある。

　いささか話が後ろ向きになってしまったが，本書はむしろ，後悔をバネにした前向きの努力の産物である。過去に少々生半可な議論をしたものの，2001年7月に台湾で強烈なインパクトを経験したわたしだからできることがあると思い，自分の足りないところを補いながら，このプロジェクトに取り組んできた。

　日本でも研究評価については以前から議論が行われ，専門家ばかりでなく，広く関心が持たれている。しかし，バランスがとれ，深みのある議論を行うために必要な情報や知識が，十分に行き渡っているとはいいがたい。近隣の韓国，台湾，中国，香港における研究評価の動向も，日本で情報・知識が不足している分野のひとつである。日本のすぐ隣でも研究評価に対する議論が積み重ねられ，実際に制度が構築され，問題に突き当たり，それに対する取組みが行われていることが，あまり知られていない。編者を含む本書の執筆者が本書に込めた願いは，東アジアの経験を伝え，それが日本で研究評価制度に携わる方々の参考となり，また研究評価制度に関心を持つ方々が知見を広げるのに役立つことである。

　とりわけ本書の中で注目してもらいたい点は，東アジアにおける試行錯誤である。本文で述べているように，研究評価は非常にデリケートなものであり，制度設計の如何によっては大きな混乱を生みかねない。とくに人文・社会科学の評価制度における数量的指標の取扱いは影響が大きい。東アジアの研究評価制度の整備は日本に先行している面があり，それゆえ，失敗もすでに経験している。日本においても，人文・社会科学の評価制度の数量的指標

を取り入れようという動きはあるが，その際，後発の利益を生かして，東アジアが経験済みの失敗は避けるようにすべきであろう。

　最後に，刊行にあたって，本書が実に多数の方々からの力添えによって生まれたことを改めて思い起こし，感謝の念を新たにしている。準備段階を含めて，逸村裕（筑波大学），孫媛（国立情報学研究所），小野寺夏生（筑波大学），石川真由美（大阪大学），トンチャイ・ウィニッチャクン（アジア経済研究所），林隆之（政策研究大学院大学），村上昭義（科学技術・学術政策研究所）各氏からお話をうかがい，わたしたちは多くを学ぶことができた（お話をうかがった順。所属は当時のもの）。国内外の調査では，たくさんの方から助けていただくとともに，さまざまなことを教えていただいた。研究会にオブザーバーとして参加していただいた同僚には，積極的な発言によって議論の活性化に貢献していただいた。査読者からいただいたコメントは，本書の内容をより明確なものにするうえでとても役立っている。プロジェクトの運営や成果の編集においては，アジア経済研究所の各部門から多大なサポートをいただいた。本書の作成にあたってご支援，ご助力をいただいた多くの方々に，執筆者を代表して，心よりお礼を申し上げたい。

2019 年秋

編者

目　次

〔略語一覧〕

A&HCI	Arts & Humanities Citation Index	人文科学の引用文献データベース
ASCB	The American Society for Cell Biology	アメリカ細胞生物学会
BK21	Brain Korea 21	韓国の研究助成プログラム
CHSSCD	Chinese Humanities and Social Sciences Citation Database	中国の人文および社会科学の引用索引データベース
CSSCI	Chinese Social Science Citation Index	中国語の社会科学の引用索引データベース
EI	Engineering Index	工学の文献データベース（現在は Ei Compendex）
ERA	Excellence in Research for Australia	オーストラリアの研究評価制度
ICSSR	Indian Council of Social Science Research	インドの社会科学研究を管理・助成する機関
JCR	Journal Citation Reports	引用情報誌
KCI	Korea Citation Index	韓国の引用索引データベース
KO2PI	Komunitas Kolaborasi Publikasi Indonesia	インドネシア出版共同体
QAC	Quality Assurance Council	香港の UGC の下部機関（おもに教育について）
QS 社	Quacquarelli Symonds	世界大学ランキングを作成する会社
RAE	Research Assessment Exercise	香港の県境評価制度
REF	Research Excellence Framework	イギリスの研究評価制度
RGC	Research Grants Council	香港の UGC の下部機関（おもに研究について）
SCI	Science Citation Index	自然科学の引用索引データベース
SCIE	Science Citation Index Expanded	自然科学の、分野を跨った引用索引データベース
SSCI	Social Sciences Citation Index	社会科学の引用索引データベース
TCI-HSS	Taiwan Citation Index-Humanities and Social Sciences	台湾人文および社会科学引用索引データベース
THCI	Taiwan Humanities Citation Index	台湾の人文科学の引用索引データベース
THE 社	Times Higher Education	世界大学ランキングを作成する会社
TSSCI	Taiwan Social Science Citation Index	台湾の社会科学の引用索引データベース
UGC	University Grants Committee（香港）または University Grants Commission（インド）	大学に対する助成機関
WoS	Web of Science	諸科学の引用索引データベース

序　章

東アジアにおける人文・社会科学の研究評価制度へのアプローチ

佐　藤　幸　人

日本の大学のゼミの様子（福田円氏撮影）

はじめに

近年，国の研究水準への関心が高まっている。たとえば世界大学ランキングは国の知識創造のレベルを表す指標として，多くの耳目を集めるようになった（石川 2016；ヘイゼルコーン 2018）。毎年，順位が報道されると，日本の大学の浮き沈みに，関係者ばかりか多くの人が一喜一憂している。2016年に発表された THE 社のランキングでは，日本の大学が大きく順位を落とし，ちょっとした騒ぎになったことは記憶に新しい。

世界大学ランキングの作成には，構成要素のひとつとして大学の研究に対する評価が用いられているが，その順位を研究水準を表すものとして過度に重視することには疑問や批判が投げかけられている。確かに日本の大学の研究における地位の下降は憂うべきことではあるが，上述の順位の大幅な低下についていえば，算定方法の変更によるところが大きく，それを知らずに振り回されれば滑稽なことになる。

このように研究評価には検討すべき多くの問題があり，議論が重ねられてきた。そのような問題のひとつが人文・社会科学における研究評価である。自然科学が強い普遍性をもち，通常，特定の社会の文脈からは切り離されているのに対し，人文・社会科学は大学・研究機関および教員・研究者が帰属する社会と強く結び付いている。それゆえ，人文・社会科学の研究成果の発表ではそれぞれの社会の言語が使われることも多く，英語による発表が一般化している自然科学とは異なっている。また，後者では通常，研究成果が論文の形態で発表さるが，前者では図書として発表されることも少なくない。このような特性をもつ人文・社会科学を，グローバルに統一された尺度で評価することに対する疑問，あるいは批判が提起されているのである。

世界大学ランキングはグローバルな評価の仕組みだが，研究に対する評価を主として行っているのは各国の政府やその関連機関である。高等教育や科学技術の発展は多くの国にとって，現在，最も重要な課題のひとつであり，

研究評価はその発展を図る政策にとって不可欠の構成要素となっている。各国の人文・社会科学の評価においても，往々にして自然科学で用いられる普遍性をもつ数量的な指標が持ち込まれ，世界大学ランキングと同様の疑問や批判を招いている。

　人文・社会科学の研究はどのように評価されることが適当なのだろうか。この問題は各国で検討されているが，相互の交流をとおしてそれぞれの議論や経験を共有することは必ずしも活発ではない。日本においても，他国の取組みが広く知られているわけではない。本書はこのような状況をふまえ，日本のほか，韓国，台湾，香港，中国といった東アジア各国・地域における人文・社会科学の研究評価制度とそれを構築する過程をみながら，この問題を考えてみようという試みである。わたしたちの隣の国や地域では，どのような制度によって人文・社会科学の研究が評価されているのか，それはどのような歴史的な背景をもち，どのような過程を経て現在に至ったのか，こういった論点を本書では議論している。

　なぜ，東アジアなのかといえば，本書の問題意識の根底には日本に対する関心があるからである。日本と近隣の東アジアの各国・地域との間には共通性がある。第1に，長くイギリスに統治され，人口1000万人に満たない都市である香港はやや性格が異なるが，それ以外では英語以外の母語をもち，かつ一定の規模を有する学術界が形成され，その内部においても，社会との間でも，母語を使ってコミュニケーションをしている。この点はとくに人文・社会科学において顕著であり，評価制度のあり方を考えるうえでも重要である。第2に，現在の経済水準にちがいはあるとはいえ，キャッチアップ段階から卒業し，自前のイノベーションを強化しなくてはならないという課題をともに抱えている。第3に，高等教育や科学技術をめぐるグローバルな競争が激しさを増しているが，東アジア各国・地域は日本にとって身近にいる直接的なライバルでもある。

　日本はこのように東アジアの国・地域と共通の背景をもつ一方，その制度には日本にしかない特異な面を少なからずもっている。本書をとおして他の

東アジアの国・地域の制度を知ることは，日本の制度の特徴と課題に対する理解を深めることに役立つだろうと期待している。

　なお，本書ではパースペクティブを広げる試みとして，東アジアのほかにイギリスとオーストラリア，オランダ，インドネシア，インドの事情を紹介するコラムも挿入している。イギリスは研究評価制度を先駆的に構築し，オーストラリアはそれを導入し，さらに独自の改良を加えている。コラムではそれを簡潔に紹介している。一方，オランダは研究評価においてプログラムベースという異なる方法を採用している。コラムではそれを説明するとともに，その社会科学に対する作用のケースも紹介している。インドネシアとインドのコラムでは，研究の量に偏重した評価制度の導入によって負の副作用が発生していることを指摘している。それによれば，インドネシアでは著者が600人あまりに及ぶ論文が生まれ，インドの社会科学では粗悪なジャーナルが氾濫する一方，東アジア同様，図書の刊行の衰退がみられる。

　序章の残りの部分では，読者が第1章以降の国・地域別の各論に読み進む前に，その準備としてつぎの3つのことを行う。ここまで一口に評価と述べてきたが，それにはさまざまなものがある。第1節では，第1章以降を読む際の混乱を避けるため，どのような評価があるのかを整理する。第2節では，各国・地域の研究評価を理解するバックグラウンドとして，研究評価に対してどのような批判的な議論があるのかを提示する。第3節では第1章から第5章で述べられている東アジア各国・地域の評価制度の歴史や現状について，論点ごとにまとめる。これは各論を読み進むためのガイドマップであるが，各論を読んだ後に議論の整理に役立てていただいてもよいかもしれない。

第1節　評価の種類

　研究に対する評価は，その成果である論文の査読から始まったが，今では多種多様な広がりをみせている（林2017）。本書ではそのうち，大学・研究

機関とその教員・研究員の評価に焦点を当てる。

　第1章以降の各国・地域の研究評価をみれば明らかなとおり，大学・研究機関と教員・研究員の評価にもさまざまな種類がある。相違点としては，評価の主体と客体，すなわち誰が誰を評価しているのか，評価の目的，すなわち何のために評価を行うのか，評価の項目や方法，すなわち何をどのように評価するのかなどがある。

　このようなポイントに着目して，本書でとりあげた東アジア各国・地域の経験を中心に各種の評価制度を整理したものが表序-1である。もちろん，表に示されているのは，多様な評価制度のすべてではない。以下ではこの表をもとに，どのような評価があるのかをより詳細に説明していきたい。評価の方法については，とくに数量的指標の使われ方に注目する。数量的指標とは論文の本数，論文が引用された件数，引用データなどからつくられるビブリオメトリクス（計量書誌学）指標などのことである。

　まず，大学の認証とは，政府あるいは政府が認定した機関が，大学が大学としての要件を満たしているかどうかを評価することである。これは大学自身による自主的な点検と組み合わされている。大学の主たる役割である教育と研究，それに社会サービスが評価される。研究評価の一部として，数量的指標が使われることもある。重要なことは認証の目的は大学の品質保証にあることである。したがって，すべての大学が合格することが目標であり，また，合格した大学の間でさらに序列化が行われるようなことはない。

　同じような認証のための評価が学部・学科に対して行われることもある。その場合，それぞれの専門分野に即して評価が行われる。

　つぎに政府が設けた大学および学部・学科向けの競争的資金を，どのように配分するのかを決めるために行う評価がある。競争的資金は有望な大学に傾斜的に配分されることから，資金をどこに配分するかを選定するため，評価によって大学は序列化される。各国が行っている世界のトップレベルの大学や学部・学科をめざすプログラムは，このような政策の典型である。ここで世界のトップレベルという場合，研究面に重きがおかれる場合が多く，研

表序-1　さまざまな評価

研究評価を伴う制度	主体	客体	目的	項目	研究評価における数量的指標の使われ方
大学の認証	政府あるいはその関連機関	大学	品質の保証	教育,研究,サービスに関する施設や実績	使われることもある
学部・学科の認証	政府あるいはその関連機関	学部・学科	品質の保証	教育,研究,サービスに関する施設や実績	使われることもある
大学および学部・学科向けの競争的資金	政府あるいはその関連機関	大学あるいは学部・学科	序列化して選別	研究に重点が置かれている	非常に重視されている
教員・研究員向けの競争的資金	政府あるいはその関連機関	教員および研究員	序列化して選別	研究の実績と計画内容	実績の評価に使われることもある
政府の研究奨励金	政府あるいはその関連機関	教員および研究員	序列化して選別	研究成果	重視されていることもある
教員・研究員の評価	大学および学部・学科	教員および研究員	採用,契約の更新,昇進などの審査	教育,研究,サービスなど	重視されている
大学および学部・学科の研究奨励金	大学および学部・学科	教員および研究員	序列化して選別	研究成果	重視されている
国内の大学ランキング	ランキング機関。多くは民間	大学および学部・学科	序列化し,主に学生の選択の参考にされる	教育面中心。ほかに就職状況など	直接的には重視されていないことが多い
世界大学ランキング	ランキング機関。多くは民間	主に大学。最近は学部・学科も	序列化。留学生の選択の参考にされるなど多様	研究面に偏りがち	重視されている

（出所）　筆者作成。

究の評価では通常，数量的指標が重視される。

　表にはない方式として，大学が自主的に設定した目標の達成度を評価するという制度もある。これも政府の資金配分にかかわるが，大学間の競争性は弱くなる。

　政府は大学の教員や研究機関の研究員が応募できる競争的資金も提供している。これも評価によって資金を供与する教員・研究員を選別することが必要となる。評価では研究計画の良しあしとともに，応募者の実績が問われることも多い。応募者の実績は数量的指標によって評価されることもある。また，政府が研究を奨励するため，優れた研究成果を表彰し，金銭を授与する

6

制度を設けている場合がある。これも報奨に値する研究成果を選び出すことが必要となる。何が優れた研究かを判断する基準として，数量的指標が用いられることがある。

　大学とその学部・学科および研究機関は，上で述べたように政府やその関連機関によって評価されるが，同時にその内部においては所属する教員や研究員を評価する主体でもある。大学や研究機関は教員や研究員の採用，雇用の継続，昇進などを審査する。さらにいえば，そこで合格の基準を設定することによって，教員や研究員がその基準を満たすことを促す。

　大学の教員評価の場合，主な評価項目は教育，研究，社会サービスである。ここで問題となるのは項目間のバランス，とくに教育と研究のバランスである。大学内部の教員評価は大学に対する認証評価や競争的資金の審査と連動している場合が少なくない。大学に対する評価で研究が重視され，研究評価で数量的指標に重点がおかれると，教員の評価でも研究の偏重，数量的指標の偏重が生まれやすい。なお，研究のみをおもな役割とする研究機関では，このような複数の役割の間の緊張は生じにくい。

　大学や研究機関はより直接的に奨励金というインセンティブを教員・研究員に供与する場合がある。どのような研究を奨励するのかという基準として，数量的指標が重視されることは少なくない。

　本章の冒頭でも述べたように，ランキングも評価を伴う。もともと，各国では学生が進学先を選ぶ際に参考とする国内の大学のランキングが作成されていた。このようなランキングでは必ずしも大学の研究面は重要視されない。むしろ卒業生の就職状況などが重要となる。

　世界大学ランキングの歴史は存外に新しい。はじめての世界大学ランキングは 2003 年に上海交通大学が発表した「世界大学学術ランキング」である。翌 2004 年，THE 社と QS 社が共同で作成したランキングを発表した。2010 年からは THE 社と QS 社は別々にランキングを作成するようになった。その後，さまざまな世界大学ランキングがつくられている。

　世界大学ランキングでは研究面が重視され，かつその評価では数量的指標

が重要な役割を果たしている。とくに論文の被引用件数は重要な指標となっていて、総数か教員1人当たりかというちがいがあったり、分野間の調整があったり、なかったりするが、大体のところ、評価の2〜3割を占めている。このように数量的指標のウェイトが大きい世界大学ランキングが、各国の政策で重視されるようになると、その評価制度でも研究偏重、数量的指標偏重の傾向が生まれ、さらにそれが大学や研究機関における教員や研究員の評価にも反映されていくことになる。

第2節　適当な研究評価の模索

　研究がどのように評価されるべきなのかについては多くの議論があり、今なお模索が続いている。とくに焦点となるのが研究評価における数量的指標の用い方である。本節では以下、まず数量的指標の長所と短所を示す。つぎに、あるべき研究評価をめぐる議論の国際的な組織化とその主張を紹介する。

2-1.　数量的指標の使い勝手のよさというメリット

　研究を評価する主たる方法には数量的指標とピアレビューがある。ピアレビューとは同じ分野の研究者が研究成果である論文や図書に目をとおし、その質を評価することである。

　一方、数量的指標とは、たとえば大学や研究機関が、あるいは教員や研究員が何本の論文を発表したか、そのうち何本が著名なジャーナルに掲載されたか、論文が他の論文などに引用された件数はいくつかといった、数量的に表される指標のことである。今述べたような書誌情報を用いたビブリオメトリクス指標のほかに、ソーシャルメディアの情報から作成されるオルトメトリクス指標がある（孫 2017）。数量的指標のなかでも、SSCI や A&HCI などのデータベースの収録ジャーナルに掲載された論文の本数、あるいはそのようなジャーナルのなかでも高いインパクトファクター（後述）をもつジャー

ナルに掲載された本数という指標が用いられることが多い。

　数量的指標とピアレビューの長短は表裏の関係にある。ピアレビューは研究の内容を吟味するので，質の評価においては優れている。それに対して，数量的指標のメリットは以下で述べるような使い勝手のよさにある。

　数量的指標の第1のメリットは一定の客観性である。それゆえに公正ともいえる。また，数値で表されることからわかりやすい。この点はピアレビューと対比すると明らかである。ピアレビューは大なり小なりレビュアーの主観が入ることが避けられない。そのために公正さを欠く恐れがある。また，レビュアーの評価は専門家以外からはわかりにくい。

　数量的指標の第2のメリットは，数値化されていることから容易に研究を序列化できることである。ピアレビューが行うのは各分野の文脈に照らした絶対評価であり，個々の研究の間の優劣を明確に示すことには適していない。

　第3のメリットは，数量的指標の方がピアレビューよりもコストが低いことである。データベースがあれば，数量的指標は簡単に算出できる。一方，ピアレビューは複数の研究者が時間をかけて行わなければならない。

　第4に，多くの数量的指標は英語による発表に基づいているので，それぞれの国の学術的なコミュニティの規模を問わない。それに対して，ピアレビューは学術的なコミュニティが一定以上の規模をもっている必要がある。そもそも小さいコミュニティではレビュアーが見つからないかもしれない。

　また，小さいコミュニティではピアレビューの公正性を保つことが難しい。ピアレビューの前提は評価する側と評価される側のあいだの匿名性にある。可能であれば，レビュアーには誰の研究かは知らされず，被評価者には誰が評価しているかは知らされないという，二重の匿名制が望ましい。被評価者を匿名にできない場合でも，できるかぎり利害関係のない人物を，レビュアーに選ぶ必要がある。しかしながら，小さなコミュニティではこの前提が容易に崩れてしまう。そうなると，人間関係上の好悪，しがらみ，パワーバランスや，限られたリソースやポストをめぐるストラテジックな配慮——たとえば教員評価のレビュアーが被評価者を低く評価することでそのポストにいら

れなくすれば，自分の親しい人間にチャンスを与えられると発想すること
——が評価に持ち込まれ，公正性が損なわれてしまう。数量的指標にはこの
ような要素が入り込む余地がない。

　さらに，たとえば上述のようなSSCI収録ジャーナル，なかでもインパク
トファクターの高いジャーナルに掲載された本数が評価の指標として使われ
れば，そうしたジャーナルへの投稿を促進できる。SSCI収録ジャーナルの
ほとんどは英語ジャーナルであり，インパクトファクターの高いジャーナル
は国際的に著名であるから，このような指標を使って評価することによって
国際化を進めることができる。

2-2．数量的指標のデメリット
（1）便利さが招く過度の依存
　数量的指標のデメリットのひとつは，そのメリット——客観性，公正性，
わかりやすさ，序列化機能，低コスト——ゆえに生じる。数量的指標は，そ
れが的確に評価できるからということではなく，便利だからというテクニカ
ルな理由によって，評価制度のなかで過度に重視されやすい。その結果，数
量的な指標が適用しにくい研究以外の項目が軽視され，制度のバランスを歪
めてしまうことである。

　とくに大学の場合，評価における教育と研究のバランスという課題を抱え
ている。研究の評価には数量的指標を適用できるが，教育には適用しにくい。
そのため，便利な数量的指標にたよることは研究偏重，教育軽視という問題
を生じさせる。

　それはまた，個々の大学や教員の個性を軽んじ，画一化に向かわせるとい
うことでもある。大学においても，個々の教員においても，教育と研究の間
の比重のおき方には多様な選択があるが，評価において研究に偏重した数量
的指標が用いられれば，教育面で高い評判を得ていた大学や教員も，研究に
重点をおきなおさざるを得なくなる。

（2）量の偏重と質の軽視

　研究評価において数量的指標が重視されると，研究活動が質よりも量に傾斜するという問題が生じやすい。数量的指標でも研究の質を測ろうとはするが，すぐ後で述べるように限界があり，結果として評価制度では容易に測定できる量に比重がおかれがちになる。評価制度に対応して研究成果の量が重視されるようになると，その分，質が低下することになりかねない。

　さらに，量の偏重は研究倫理に抵触しかねない行動も誘発する。本書のコラムにあるような，インドネシアにおける共著者が数百人に及ぶ論文や，インドにおける粗悪なジャーナルの氾濫は，そのような行動の典型である。研究倫理上，最も忌むべき行為である他の研究者の成果の剽窃やデータの捏造も，成果の量を求める結果として生まれることが多々ある。

（3）引用件数とインパクトファクターの限界

　数量的指標による評価の本質的な限界として，研究成果の質の測定という問題がある。数量的指標の場合，引用件数によって質を測ろうとする。すなわち，クオリティの高い研究成果は後続の多くの研究から引用されるはずであると想定している。このような想定に基づいて引用件数から論文等のクオリティを測定することは，まったくの間違いとはいえないが，引用には多様な目的があるため，引用の多いことが研究成果の重要性を示すとはかぎらない。たとえば先達への敬意を表すための引用や，否定や誤りを指摘するための引用は，引用した研究が重要であることを示すわけではない（逸村・安井 2006）。

　さらに問題となるのが，研究の質の評価にインパクトファクターを用いることである。インパクトファクターはユージーン・ガーフィールドによって 1972 年に開発された，ジャーナルの影響力を測るビブリオメトリクス指標である。あるジャーナルに過去 2 年間，掲載された論文の被引用件数を，過去 2 年間にそのジャーナルに掲載された論文の本数で除したものである。WoS のデータを使って算出され，JCR に掲載されている。SSCI や A&HCI は WoS の一部である。

　WoS に対抗するデータベースとしては，エルゼビア社によって開発され

たスコーパス（Scopus）が有力である。WoS やスコーパスは有料だが，近年は無料でアクセスできるグーグル・スカラー（Google Scholar）もプレゼンスを増している（孫 2012）。

インパクトファクターはジャーナルを評価する指標であり，ガーフィールド自身は個別の研究や研究者を評価することに用いてはならないと警告を発していた（Garfield 2005）。計量書誌学ではつぎのような問題が指摘されている（逸村・安井 2006；逸村・池内 2013）。第 1 に，インパクトファクターはジャーナルの性格によって異なる。レビュー誌や総合誌は高くなりやすい。また，自誌からの引用件数はジャーナルによって異なる。第 2 に，分野によって引用のしかたが異なり，その結果，インパクトファクターも異なる。たとえば短期間に集中的に引用が行われる分野と，長期間，継続的に引用が行われる分野がある。また，基礎研究よりも応用研究，開発研究の方が引用件数，被引用件数とも多い。したがって，インパクトファクターを使って，異なる分野の研究の比較はできない。第 3 に，インパクトファクターは必ずしも安定的ではない。一時的な要因によって大きく変動することもあるし，長期的に変化することもある。

そして何よりも重要なことは，引用された件数の多い論文が必ずしもインパクトファクターの高いジャーナルに掲載されているわけではないということである。一方，インパクトファクターの高いジャーナルでも，多くの場合，被引用件数は一部の論文に集中している。つまり，インパクトファクターの高いジャーナルに掲載されている論文の多くは限られた数の引用しかされていない。このように，ジャーナルのインパクトファクターをもとに，掲載された論文のクオリティを評価することは，インパクトファクターの誤用なのである。そもそも中身をみることなしに論文の評価をしようとするところに無理がある。しかしながら，考案者のガーフィールドの警鐘をよそに，インパクトファクターの誤用は続いているばかりか，「インパクトファクター至上主義」（孫 2017）ともいえるような風潮の広がりがみられる。

2-3. 人文・社会科学の研究評価における数量的指標のデメリット

　客観性やわかりやすさといったメリットが最も顕著に発揮される数量的指標は，ジャーナル論文の本数，なかでも SSCI や A&HCI などのデータベースの収録ジャーナルに掲載された論文本数であり，多くの評価制度で重用されている。しかしながら，このような指標が重視されることは，人文・社会科学に対して深刻な影響を及ぼす恐れがある。

　第 1 に，ジャーナル論文中心の評価制度では，通常，限られた時間のうちに一定数以上の論文をジャーナル上に発表することが求められるため，長い時間を要する研究やリスクの高い研究を行うことが難しくなる。研究成果の発表が間に合わなければ，あるいは期待した結果が得られず，成果を発表できなければ，評価が低くなり，大学や研究機関ならば研究資金などの配分を減らされ，教員や研究員ならば，最悪の場合，職を失うことになるからである。ジャーナル論文中心の評価制度のもとで合理的な行動は，たとえ研究の価値は見劣りしても，所定の期間内に確実に成果を得られる研究課題を選ぶことである。人文・社会科学の研究には時間のかかる研究や不確実性の高い研究が少なくないが，そのような研究はたとえ高い価値があったとしても避けられることになる。

　第 2 に，人文・社会科学の多くの分野においては，図書はジャーナル論文と並ぶ，あるいはそれ以上に重要な研究成果の発表形態であるが，ジャーナル論文中心の評価制度においては図書を出版することが難しくなる。ひとつには，研究成果が図書として結実するには長い時間を要するが，第 1 点で述べたように，ジャーナル論文中心の評価制度では長期に及ぶ研究が許容されにくいからである。また，一般に図書の査読体制はジャーナルほど整備されていないことから，平均をみた場合，研究成果としての図書のクオリティはジャーナル論文よりも劣ると考えられている。そのため，図書に対する評価は，その内容の良しあしにかかわらず，相対的に低く設定され，多くの場合，投入される時間や心血に見合うものではない。

　第 3 に，評価制度が SSCI や A&HCI といったデータベースを用いる場合，

人文・社会科学がもつそれぞれの社会とのつながりとの間に矛盾が生じる。学術界と社会のインタラクションにはそれぞれの言葉の方が適しているが，SSCI や A&HCI に収録されているのは，大部分が欧米で発行されている英語ジャーナルである。また，欧米のジャーナルの関心と，各国の社会にとって重要な研究課題は一致しないかもしれない。したがって，評価制度において SSCI や A&HCI の収録ジャーナルを重視することになれば，欧米のジャーナルの興味に合うような研究課題が優先的に選ばれ，成果は英語で書かれる一方，それぞれの社会にとって喫緊の問題を研究し，その成果を社会にフィードバックすることは二の次になるかもしれない。

　このような数量的指標のデメリットは事前には十分に理解されにくい。あるいは，被評価者である教員や研究者が敏感に察知しても，評価制度の構築の主導権をもつ評価する側はそれほど深刻には考えないことが多い。その結果，往々にしてメリットばかりが着目され，数量的指標が導入されることになる。

2-4. サンフランシスコ宣言とライデン声明

　新世紀に入って，研究評価は普及し，数量的指標が広く用いられるようになる一方，それに対する疑問や批判も増大していった。2010 年代になると，批判的な声が国際的に組織化されるようになった。代表的な試みとして，2012 年の「研究評価に関するサンフランシスコ宣言（San Francisco Declaration on Research Assessment: Putting Science into the Assessment of Research)」（以下，「サンフランシスコ宣言」)[1]と，2015 年の「研究計量に関するライデン声明（The Leiden Manifesto for Research Metrics)」（以下，「ライデン声明」)[2]をみてみたい。サンフランシスコ宣言の数量的指標に対する批判は科学全般に当てはまるの

---

1)　https://sfdora.org/ （2019 年 2 月 20 日アクセス)。
2)　http://www.leidenmanifesto.org/ （2019 年 2 月 20 日アクセス)。ウェブサイトには和訳も掲載されている。なお，小野寺・伊神（2016）ではライデン声明の誕生の経緯も説明している。

に対し，ライデン声明のなかには人文・社会科学にとってとくに重要な指摘が含まれている。

　ASCB および学術ジャーナルの出版社と編集者のグループは，2012 年 12 月 16 日，ASCB の年次総会の際に集まり，サンフランシスコ宣言を起草し，支持の呼びかけを始めた。2016 年 3 月 12 日の時点で支持を表明している個人は 13716 人，団体は 1173 である。

　サンフランシスコ宣言はまずその主旨として，研究のアウトプットが多様であること，そのすべてが適正に評価される必要があると訴えている。アウトプットの多様性とは，アウトプットには論文だけではなく，データ，試薬，ソフトウェア，知的財産，さらには若手研究者までが含まれるという意味である。つぎに，インパクトファクターに対する批判を行っている。

　続いてサンフランシスコ宣言は勧告を行っている。その中核的なポイントは，①インパクトファクターなどジャーナル・ベースの数量的指標を，研究に対する助成，研究者の採用や昇進の検討に用いることを排除する必要がある，②研究を掲載されたジャーナルによって評価するのではなく，研究自体を評価する必要がある，③オンライン出版がもたらす機会を利用する必要があるという 3 点である。サンフランシスコ宣言はこの 3 つの基本的なポイントに基づいて，一般的な勧告および研究助成機関，学術機関，出版社，数量的指標を提供する機関，研究者それぞれに対する勧告を行っている。

　ライデン声明は 2014 年の科学技術指標に関する国際コンファレンスでのダイアナ・ヒックスの基調講演を起点として策定が始まり，2015 年に『ネイチャー（*Nature*）』に発表された。それは「研究評価における計量データの利用についてのベストプラクティスや注意点」（小野寺・伊神 2016）である。

　ライデン声明は 10 の原則から構成されている。そのうち，本書にとって最も重要なのは「原則 3 優れた地域的研究を保護せよ」である。この原則は人文・社会科学におけるそれぞれの社会とのインタラクションの重要性を指摘し，研究評価でインパクトファクターを重視する結果，研究者を英語ジャーナルへの投稿に駆り立て，社会とのつながりを弱めることを戒めている。

このほか，本章ですでに述べてきたこととも重なるが，「原則1 定量的評価は，専門家による定性的評定の支援に用いるべきである」，「原則6 分野により発表と引用の慣行は異なることに留意せよ」，「原則9 評定と指標のシステム全体への効果を認識せよ」も重要である。原則1は評価においてはピアレビューを主，数量的指標を従とすべきだとしている。原則6は評価がインパクトファクターに偏ることで，研究分野の特性を蔑ろにし，図書など論文以外の発表形態を軽視してはならないとしている。原則9は，評価制度の数量的指標の偏重によって，粗悪なジャーナルが横行したり，共著者が数百人に及ぶ論文が生まれたりすることがありえることに注意を喚起している。

第3節　東アジアの評価制度および日本の特徴と課題

　本書の第1章から第5章では，それぞれ韓国，台湾，香港，中国，日本の研究評価制度を検討している。本節ではそれをふまえて東アジア各国・地域の共通点と相違点を，研究評価制度の導入の背景，研究評価制度とその作用，引用索引データベースの構築という3点に分けて提示する。さらに最後の項では，日本の特徴を改めてまとめ，そこから引き出される課題を提示する。本節は第1章以降を読み進む前に読めば，事前のガイダンスになるであろうし，事後に読めば議論の整理に役立つだろう。

3-1. 研究評価制度の導入の背景
　東アジア各国・地域において，研究評価を含む大学・研究機関の評価が始められた背景として，2つの要因がある。ひとつは大学の増加である。これは韓国，台湾，香港，中国で明瞭に観察される。このうち前の3つの国・地域において，大学の増加は民主化と関連していると考えられる。それが最も明確なのは台湾である。台湾では1980年代後半に民主化がスタートし，1990年代以降，教育政策が変わり，大学数が増加した。香港では植民地統

治下にあったが，1984年に中国への返還が決まると一定の民主主義的な改革が行われ，そのなかで高等教育の拡大も進められた。韓国においては1980年代，民主化にやや先行しながら大学の大衆化が進行した。これは民主化と同じ社会の力が大学の大衆化にも働いたとみることができる。

　大学の増加は大学の平均的な質の低下を招いたり，大学として必要な水準を満たせない大学を生み出したりする可能性がある。それを防ぐため，大学に対する認証評価が導入されることになった。韓国，台湾，中国の場合，大学の品質を保証する認証制度がつくられた。香港における UGC による RAE という研究評価の実施も，大学の増加による質の低下に対する懸念が背景にある。

　もうひとつの要因は国家間で科学技術をめぐる競争が激しくなり，その担い手である大学や研究機関を強化しようという世界的な潮流である。このような潮流のもと，東アジアでは世界でトップレベルの大学や研究機関を育成し，国の科学技術の水準を引き上げようとする政策を実施するようになった。韓国の「BK21」，台湾の「一流大学とトップレベルの研究センターを育成する計画（5年500億元計画）」，中国の「211プロジェクト」，「985プロジェクト」，「双一流（一流大学・一流学科）」政策，日本の「21世紀COEプログラム」や「グローバルCOEプログラム」がそれに当たる。香港は比較的，このような潮流の外にいるものの，その RAE には「世界水準の研究を促進するため」という目的が加えられていることから，まったく無関心というわけではないようである。この種の政策では少数の大学や研究機関に集中的に資金を投入するため，その選別を行う評価が必要となったのである。

3-2.　研究評価制度とその作用
　研究評価制度，とくに教員・研究員の研究評価の制度に注目するならば，ジャーナル論文が重視されているケースが多い。その分，図書は低く評価される。どこでも図書はよくて論文2本分にしかカウントされない。真面目に本を出版する場合，このような評価は費やされる時間や労力に見合うもので

はない。

　SSCI 等のデータベースあるいはそのデータを使って算出されるインパクトファクターなどの指標を評価の基準として重視する傾向は，韓国，台湾，日本にみられる。韓国や台湾では SSCI 等に収録されたジャーナルに掲載された論文は，それぞれの国内のジャーナルに掲載された論文よりも高く評価される。

　興味深いのは中国のケースである。中国においても SSCI 等に収録されたジャーナルに掲載された論文は高い評点が与えられる傾向があるが，『中国社会科学』のような中国国内のジャーナルに掲載された論文が，それ以上に高く評価されている場合がある。前述のように，SSCI などを過度に重視すると，人文・社会科学がそれぞれの社会から遊離してしまうという問題がある。それを防ごうという試みなのかもしれない。

　では，東アジア各国・地域において研究評価制度はどのような作用を及ぼしてきたのか。一面では表序-2 に示すように，1990 年代から 2010 年代にかけて，韓国，台湾，中国の WoS 収録のジャーナルに掲載される社会科学の論文数が顕著に増加し，順位を上げ，シェアを拡大している。一方，日本の論文数は増え，シェアは拡大しているものの，順位は下降している。表にはない香港については，人文・社会科学にかぎった長期的な趨勢は不明だが，全般的な傾向からすると，研究成果は 1990 年代に増加したが，2000 年代に入ると横ばいになったとみられる。

表序-2　SSCI 収録ジャーナルに掲載された論文の本数・シェア・順位

A 経済学・経営学

		1994 ~ 1996 年（平均）	2004 ~ 2006 年（平均）	2014 ~ 2016 年（平均）
日本	論文数	136	265	565
	シェア (%)	1.3	1.9	2.1
	順位	10	11	15
韓国	論文数	57	185	734
	シェア (%)	0.5	1.3	2.7
	順位	20	16	12
台湾	論文数	50	202	754
	シェア (%)	0.5	1.5	2.7
	順位	25	14	11
中国	論文数	113	354	2,229
	シェア (%)	1.1	2.6	8.4
	順位	12	9	9

B 社会科学・一般

		1994 ~ 1996 年（平均）	2004 ~ 2006 年（平均）	2014 ~ 2016 年（平均）
日本	論文数	188	343	868
	シェア (%)	0.6	0.9	1.0
	順位	14	15	24
韓国	論文数		216	1,372
	シェア (%)	圏外	0.5	1.5
	順位		25	15
台湾	論文数		280	1,184
	シェア (%)	圏外	0.7	1.3
	順位		21	20
中国	論文数	206	543	3,503
	シェア (%)	0.6	1.4	4.0
	順位	11	9	7

（出所）　科学技術・学術政策研究所（2018）をもとに作成。

　もちろん，韓国，台湾，中国の WoS 収録ジャーナルに掲載される社会科学の論文数の増加がどの程度，評価制度によるものかどうかは特定できない。とはいえ，ひとつの要因であると推測することはあながち的外れではないだろう。

　しかしながら，すでに述べたように，数量的指標に依存した評価制度の諸

問題は，このような研究成果の増加と表裏一体である。数量的指標偏重の副作用のうち，比較的，明瞭に現れているのは図書の出版の停滞あるいは減少である。台湾，香港，中国で観察されている。一方，韓国，台湾，中国では数量的指標への過度の依存を反省し，ピアレビューを重視しようという動きがある。しかし，いったん成立した制度は強い粘性をもつので，改めることは容易ではない。

3-3. 引用索引データベースの構築

　韓国，台湾，中国では研究評価制度と並行して，引用索引データベースの構築が進められてきた。時間的にもほぼ同時である。韓国では1998年に「学術ジャーナル登録制度」がつくられ，登録された文献の情報がKCIに収められている。台湾では1990年代後半に，TSSCIやTHCIの公開が始まった。中国では1998年に，南京大学によってCSSCIが開発された。

　これら引用索引データベースは，意図した結果か，意図せざる結果かはさまざまであるが，評価制度に組み込まれていった。それぞれの研究評価において，自国で発行されるジャーナルについてSSCIなどの役割を担わされることになったのである。言い換えれば，これら引用索引データベースのおかげで，それぞれの評価制度は自国で発行されるジャーナルをカバーすることが可能になったのである。

　したがって，これら引用索引データベースはSSCIなどを重視する評価制度の英語偏重を是正する効果をもっていた。しかしながら，同時にデータベースに依存した評価を自国のジャーナルにも広げるという副作用も伴っていた。台湾では副作用に対する批判が強まり，TSSCIはTHCIと統合され，評価から切り離された新しいデータベースがつくられることになった。

3-4. 日本の特徴と課題

　冒頭で述べたように，本書の問題意識の根底には日本への関心がある。近隣の国・地域と比べた時，日本の研究評価の特徴は何であろうか。本節の最

後に，本書から浮かび上がった日本の特異性について言及しておきたい。

　第1に，表序-2に示したように，東アジアにおいて日本の社会科学のみ，国際的なプレゼンスの停滞ないし低下がみられる。原因のひとつとして考えられる相違点は，日本の人文・社会科学では教員や研究者の評価において数量的指標が相対的に強調されてこなかったことである。つまり，日本の教員や研究者はジャーナル論文の発表，とくに英語論文の発表，さらにはSSCI等のデータベース収録ジャーナルへの発表が，他の東アジア各国・地域と比べて強く求められていない。その分，日本は他の東アジアの国・地域で発生したような副作用，すなわち研究の偏重と教育の軽視，論文の偏重と図書等の軽視，英語での発表の偏重と母語を含む非英語での発表の軽視が，深刻ではないようにもみえる。

　第2に，どの国・地域でも評価制度は大なり小なり複数の政策の複合体である。とはいえ，そのなかにあって日本の国立大学法人評価はやや特異にみえる。さらに探求する必要があるが，本書の各章を読むかぎり，他の東アジア各国・地域には類似の制度はみられない。また，評価に多大なリソースが投入される結果，生じる評価疲れは，他の国・地域にもみられるが，日本は国立大学法人評価によっていっそう深刻になっている恐れがある。評価疲れは大学のリソースを圧迫することで，上述のような研究上の国際的なプレゼンスの低下の原因になっているかもしれない。

　第3に日本の人文・社会科学のみが引用索引データベースを構築していない。香港も独自の引用索引データベースをもたないが，規模が小さいこと，中国語文献に関しては近隣に中国および台湾があって，それぞれデータベースを構築していることから，自前のデータベースの必要性は感じられなかったのだろう。しかし，日本の条件は香港とは異なる。日本の人文・社会科学の規模は大きく，日本以外で行われている日本語による研究活動は限られている。上述のように，教員や研究員を数量的指標によって評価しようとする傾向が弱かったため，データベースを構築する動機づけが欠けていたのかもしれない。

以上の日本の特徴は取り組むべき課題につながっている。第1に，日本の人文・社会科学のプレゼンスの低下は対策を講じる必要があるだろう。その際に数量的指標の活用が対策として浮上するかもしれない。しかしながら，本書が示すように，東アジア各国・地域の経験から，闇雲に飴と鞭を使ってSSCI等収録ジャーナルに英語論文を発表することを促したり，さらには強要したりすれば，人文・社会科学においては深刻な副作用が生じる。プレゼンスの向上をめざすにしても，バランスがとれた取組みでなくてはならない。

　第2に，日本の評価制度には特異なところがあり，それが他の国・地域よりも深刻な評価疲れを生んでいる可能性がある。それは速やかに改善すべきである。制度を改めることによって大学がリソースをより有効に使えるようになれば，そのパフォーマンスを向上させることができ，第1の課題に対する対策のひとつになり得る。言い換えれば，大学のパフォーマンスをいかに引き上げるかという観点から，評価制度は構築されるべきである。

　第3に，日本でも人文・社会科学の引用索引データベースを構築すべきである。引用索引データベースは研究者をはじめとする関係者に有用な研究情報を提供し，研究の発展を促すことができる。ただし，本書に述べられている東アジア各国・地域の経験が示すように，引用索引データベースは評価制度と密接な関係をもちやすく，その部分で問題を生む恐れがある。日本において引用索引データベースが構築された場合も，評価に用いられる可能性がある。そのとき，東アジアの経験を参照することで，誤った用いられ方を避けることができるだろう。

　　おわりに

　前節で述べたように，日本の人文・社会科学において，教員や研究者に対するこれまでの評価制度では数量的指標のウェイトは限定的だったと考えられる。そのおかげで数量的指標が深刻な副作用を生み出すことも避けられて

きた。しかしながら，日本のプレゼンスを高めようと，今後は数量的指標がより重視されるようになるかもしれない。

　そのとき，もし東アジア各国・地域の経験を学ぶことなく数量的指標への依存を増大させれば，同じ轍を踏むことになりかねない。編者としては，日本の人文・社会科学の評価制度がそのような愚かな道に進むことのないように，東アジアの経験から教訓を引き出し，提示することが，本書の重要な役割だと考えている。

〔参考文献〕

＜日本語文献＞
石川真由美編 2016.『世界大学ランキングと知の序列化——大学評価と国際競争を問う——』京都大学学術出版会.
逸村裕・池内有為 2013.「インパクトファクターの功罪——科学者社会に与えた影響とそこから生まれた歪み——」『化学』68（12）: 32-36.
逸村裕・安井裕美子 2006.「インパクトファクター——研究評価と学術雑誌——」『名古屋高等教育研究』（6）: 131-144.
小野寺夏生・伊神正貫 2016.「研究計量に関するライデン声明について」『STI Horizon』2（4）: 35-39.
科学技術・学術政策研究所 2018.「科学技術指標 2018」http://www.nistep.go.jp/research/science-and-technology-indicators-and-scientometrics/indicators（2019 年 2 月 21 日アクセス）.
孫媛 2012.「ビブリオメトリックスを活用した研究評価の現状と展望」第 1 回 SPARC Japan セミナー（2012 年 5 月 25 日）https://www.nii.ac.jp/sparc/event/2012/pdf/20120525_doc3.pdf（2019 年 9 月 2 日アクセス）.
———2017.「研究評価のための指標——その現状と展望——」『情報の科学と技術』67（4）: 179-184.
林隆之 2017.「研究評価の拡大と評価指標の多様化」『情報の科学と技術』67（4）: 158-163.
ヘイゼルコーン，エレン 2018. 永田雅啓　アクセル・カーペンシュタイン訳 『グローバル・ランキングと高等教育の再構築——世界クラスの大学をめざす熾烈な競争——』学文社.

＜英語文献＞

Garfield, Eugene 2005. "The Agony and the Ecstasy. The History and Meaning of the Jaurnal Impact Factor." Paper prcsented to International Congress on Peer Review and Biomedical Pablication, Chicago, 16 September.

第1章

韓国

——大学の国際化と評価への期待と葛藤——

二 階 宏 之

韓国の大学正門（筆者撮影）

はじめに

　1945 年 8 月 15 日の解放以降，韓国の高等教育は，財政支援を対価とした国家の政策に大きな影響を受けてきた。大学数が増加するのに伴い，それは，入学定員の削減や廃校を誘導する大学の構造改革へと結びついていった。1990 年代からは，新自由主義の波が韓国社会に押し寄せるなかで，大企業が産学共同という形で大学に財源を投入し，企業が必要とする人材や教育を大学に要求した。そして，1997 年の「IMF 経済危機」を境に，国家競争力は韓国社会で最も重要なキーワードになった。このようななか，国家競争力に寄与することが大学の社会的責務だという共通認識が韓国の大学でも形成され，各種の大学評価においても客観性，国際性，即効性，実用性が重視されるようになった。一方で，少子高齢化により入学者の減少が深刻化し，授業料を主たる収入源とする大学財政が圧迫され始めた。大学側は，大学運営を安定させるためには，政府の財政支援に頼らざるを得なかった。

　大学評価は，機関別評価や大学教員業績評価，財政支援に関する評価，構造改革に関する評価など，いくつかあるが，どれも大学の改革と統制に結びついていた。そのため，評価は重要な役割となり，大学の運命を位置づけるものとなった。一方で，教育部を中心に韓国の学術ジャーナルや学術研究の振興事業が進められ，韓国の学術研究発展に努力している。本章では，高等教育をめぐる国家の統制と新自由主義の流れのなかで，大学評価を中心とする各種評価の形成過程と，現状の問題を明らかにする。

　以下，本章の第 1 節では，過去の高等教育政策のなかで大学改革がどのように推進されてきたのかを，時代ごとに整理する。第 2 節では，各種の大学評価が国家による統制のなかでどのような性格を持っていたのかを確認する。第 3 節では，大学教員の業績評価の方法について，とくに，研究評価における質の評価がどのような問題を抱えているのかを分析する。第 4 節では，大学教員や研究員等の個人を対象とした学術・研究支援事業を概観し，その

評価方法を確認する。第 5 節では「学術ジャーナル登録制度」が国内の学術ジャーナルや研究の発展に与えた影響を探る。

第 1 節　高等教育政策における大学改革

　大統領中心の統治構造を持つ韓国は，伝統的に政府主導で教育改革を断行し，高等教育にも政権の政策が大学運営に大きな影響を与えてきた。ときには大学の自主化や国際化を重視した政策を実行したが，期待した効果は薄く，結果として大学数が増加することになった。大学数を抑制するため，政府は財政支援と大学構造改革を連携する政策を進めてきた。しかし，評価により大学が序列化されることになり，大学間の格差が拡大した。

1-1. 国家主導の大学近代化——李承晩政権から朴正煕政権まで——
（1）大学の乱立

　解放後，教育熱が高まり，大学設立運動の風が吹いた。植民地時代には，日本の官による大学行政が展開されたが，解放後は専門学校を受け継いだ私学による大学の再建が進められた。当時の李承晩政権は大学の設立と運営を放任したため，1950 年代には多くの私立大学が設立された。大学は，運営資金の中心である授業料収入を拡大するために，入学定員を超えて入学者を確保することに汲々とした。次第に教育の質の低下が顕著になると，李承晩政権は，大学の乱立，学科の増設，学生の増員などを抑制するために，「大学設置基準令」（1955 年）を公布した。しかし，この政策に対して私立大学の抵抗が大きく，大学設置基準令は効力を失っていった。その後，私学が主導する大学教育に国家が本格的に介入し始めたのは 1960 年代からであった（キムジョンイン 2018）。

（2）私学の統制

　1961 年の「5・16 軍事クーデタ」で登場した朴正煕軍事政権は，社会全般

にかかわる強力な統制政策による経済開発計画を実行し，高等教育政策にも国家管理体制をつくることに注力した。1963年には「私立学校法」を制定し，今日まで続く私学を統制する根拠をつくった（シンヒョンソク2005）。大学の近代化は，自然科学を中心に行われた。朴正熙政権は，経済開発戦略や工業化を通じた近代化を推進する優秀な技術人材を育成するために，国公立はもちろん私立大学にまで国家財政を投入した。その一方で，依然として，入学定員に対する入学者の超過は続いた。1965年に「大学入学定員令」を公布するものの，定員超過が解消したのは，1970年代に入ってからであった（キムジョンイン2018）。

(3)「実験大学」の導入

絶え間なく増大する高等教育人口の量的膨張のなかで，政府は，定員引締め政策以外の方法による大学教育の質的水準の向上を模索していた（馬越1995）。その大学改革が，1973年10月に朴正熙政権が導入した「実験大学」である。実験大学には実際に改革が可能な大学が選定され，その内容は，卒業単位の削減や分野別募集，副専攻制など，大学が自主的に教育運営を行うことに重点がおかれていた。実験大学導入の前年である1972年9月には，大学への実地評価を実施しているが，これが大学評価の出発点となった（シンヒョンソク2005）。1979年には，実験大学に選定されていない大学も含めて評価が行われた。評価結果は，165点満点のうち実験大学が平均100.21点，非実験大学が91.07点で大きな差はなかった。実験大学制度は，国家が初めて主導して実施した大学改革であったが，実際には期待した成果を得ることはできなかった（キムジョンイン2018）。

1-2. 民主化，国際化時代における高等教育政策——全斗煥政権から金泳
　　　三政権まで——

(1) 学術研究への支援と機関別評価の導入

1980年代には大学教育の大衆化と民主化が推進された。1981年に全斗煥政権は，「韓国学術振興財団」を設立し，学術研究活動全般に対する財政支

援を推進した。当初は，大学別に一定の研究費を配分する方式をとったが，1986 年からは重点研究に対して，公募による研究費の支援を開始した。

　1982 年に設立された「韓国大学教育協議会」を媒介にして，政府と大学が連携する仕組みが構築された。韓国大学教育協議会の活動のうち，最も際立ったものは「大学総合評価」と呼ばれる機関別認証評価であった。1994年には大学総合評価の名称が「大学総合評価認定制」と変更された。大学総合評価認定制は，1980 年代からの大学教育大衆化での質の低下を懸念し，改編されたものであった（キムジョンイン 2018）。

（2）「5・31 教育改革案」

　1990 年代半ばの WTO 体制の発足により世界貿易市場が開放されると，教育界にも国際的な競争の波が押し寄せた。教育体制に大きな変化をもたらしたのは，1995 年に金泳三政権が発表した「世界化・情報化時代を主導する新教育体制樹立のための教育改革方案」（以下，「5・31 教育改革案」）である（シンヒョンソク 2005）。その目的は，高等教育の財政効率性を高め，企業競争力に寄与する大学の競争力を高めることであった。

　1960 年代以降，深刻な入試競争が社会問題化した。それを解消する方法として，大学設置基準（校舎，校地，教員，財産等）の緩和を目的とする「大学設立準則主義」や，入学定員を大学が自主的に定める「大学定員自主化政策」などを導入した。これらの政策を境として私立大学の数は激増し，定員を確保することが困難な状況に直面するという新たな問題が浮上した（尹2016）。そのため，政府は大学数を減少させるために，財政支援と連携した大学構造改革を実行した（キムミランほか 2014）。

（3）評価による財政支援

　1990 年代には教育界にも，自由な競争を通じて，経済的利益と教育の質や競争力の向上を追求するという市場原理が導入された。金泳三政権は大学への財政支援について，評価を行い選別的に配分していく方向に進路を変えた。大学側においても，営利目的の企業と同じく，市場の資源配分によって費用対効果を増大させるという考え方が必須の要素となり，自ら改革に臨ん

だ。

1-3. 少子高齢化対策としての大学構造改革——金大中政権から文在寅政権まで——

(1) 本格的な大学構造改革の開始

大学構造改革の目的には大きくふたつの意味が込められている。ひとつは，量的側面において，学齢人口および大学教育の需要の変化による入学定員の調整である。もうひとつは，質的側面において，大学の競争力強化のための大学教育の向上，研究力強化を図る措置である（イヨンギュン 2018）。

大学構造改革を明示的に標榜したのは，金大中政権からである。1997 年末に IMF 経済危機が襲いかかると，金大中政権は構造調整という名のもとに大学の構造改革を実行した。具体的な改革は，1998 年に発表した「国立大学構造調整計画」と，これを修正し 2000 年に発表した「国立大学発展計画」であった。これらの計画をもとに大学の組織や機能の調整，入学定員の削減，大学間の統廃合などの構造改革が始まった。この時期の構造改革の特徴は国立大学を中心に，規模の縮小と経営体制の改善を通じて，短期的視点から効率性を追求することだったといえる。

(2) 国際競争力の強化

2003 年に発足した盧武鉉政権から朴槿恵政権に至るまでは，構造改革が高等教育における最も重要な政策のひとつとして推進された。盧武鉉政権では，国家競争力向上のためには国際的水準の大学育成が先決だと考え，大学の構造改革をさらに積極的に推進した。盧武鉉政権における代表的な構造改革は，「大学競争力強化方案」（2003 年），「大学構造改革方案」（2004 年）であった。2007 年には，「国立大学法人の設立・運営に関する特別法案」が国会に提出された。これは，国立大学を行政組織から分離して法人格を与えることで，国立大学が自主的に，発展戦略を樹立・推進できるようにする内容であった（キムミランほか 2014）。

（3）国立大学の改革

　李明博政権では，「大学構造調整推進方案」（2009 年）の発表を皮切りに構造改革を推進した。2011 年には「大学構造改革委員会」の設置と「大学構造改革推進基本計画」を発表し，大学構造改革を国立大学と私立大学に区分して推進した。2012 年には国立ソウル大学が国立大学法人へと転換された。また，総長の直接選挙制はほとんどの国立大学で間接選挙制へと移行した。一方，私立大学の構造改革の内容は，財政支援制限大学の指定，奨学金融資制限大学の指定，経営不振大学の構造調整などであった。政府は財政支援制限大学の指定によって，大学構造改革の土台を構築し，入学定員の削減や財政拡充などの大学の自主的構造改革を促した（キムミランほか 2014）。

（4）構造改革と財政支援の連携

　朴槿恵政権の「大学構造改革評価」（2014 年）では，大学を A から E の 5 段階で評価し，A 等級（16%）以外の大学には入学定員の削減を勧告した。基本的な内容は李明博政権の政策を継続するものであった。それは表面的には大学の自主的な構造改革を促進しながらも，実際には構造改革と財政支援を組み合わせて，大規模な入学定員の削減や経営不振大学の統廃合を強制する政策であった（小川・姜 2018）。少子高齢化による入学定員割れが急速に進行するなかで，入学定員を 2023 年までに 3 期に分けて 16 万人削減することを目標とした。2013 年時点での入学定員枠 56 万人に対し，2023 年の大学入学者数を推定 40 万人として，16 万人分が超過になると予測された。

（5）大学本来の発展へ

　2017 年 11 月 30 日に文在寅政権は，朴槿恵政権の大学構造改革評価に代わる「大学基本能力診断評価」を発表した。そこには，財政支援事業や構造改革における評価の結果により，大学間の競争や序列化を招いたという反省を踏まえて，大学の公共性と自主性の拡大や教育の水準の向上など，大学本来の発展ができるような意図が込められていた（キムジョンイン 2018）。このような過去への反省から，具体的には，①全国を拠点とする国立大を集中的に育成，②私立大学の公営型への転換と育成，③国公立専門大学と公営型専

門大学の育成，④地域の小規模大学の育成支援，⑤国公立大学の共同運営体制などを強化した。そして，大学構造改革の目的としては，大学ネットワークの構築を通じて大学序列化の緩和や国際競争力の強化などを提示している（ビョンキヨン・ソンインヨン 2018）。

第 2 節　大学評価

2-1. 機関別認証評価

　現在進められている「大学機関評価認定制」は大学の質的水準を体系的に評価し，大学が教育機関としての最低限の基本要件と特性を備えることができるよう認証基準を示すことである。その目的は，世界的な高等教育の質的管理体制に応えるため，大学の国内外の競争力を強化し，高等養育の質向上に対する責務を確立し，国際的交流・協力と増進するための体制を構築することにある。

（1）機関別認証評価の歴史的背景

　1982 年に設立された韓国大学教育協議会は，国・公・私立すべての 4 年制大学（教育大学，産業大学を含む）を会員とする大学連合体であり，韓国における高等教育の質的保証制度に関する中心的存在となってきた。機関別認証評価が公式的に推進されたのは，韓国大学教育協議会が設立されてからであった。機関別認証評価は，時期によって名称が変わり，1982 年から 1992 年までは大学総合評価，1994 年から 2006 年までは大学総合評価認定制，2011 年から 2020 年までは大学機関評価認定制と変遷した。1992 年から 2008 年までは学問分野別認証評価も実施した。学問分野別認証評価の目的は，大学の教育・研究能力，施設，運営管理の体系的な分析を通じて，特定の学問分野の質を評価し，評価結果を公表することで改善を促すことであった。

　1994 年から実施された大学総合評価認定制の時代的背景には，WTO 体制

の発足に伴う国際化の影響が大きかった。国家間では熾烈な競争が展開されるようになり，産業界では技術力の追求と競争力向上が当然視された。その間，社会的な変化から直接に影響を受けることなく安定的な位置にあった教育界も，大学教育の水準と社会的責任を向上せざるをえなかった（シンヒョンソク 2005）。2000 年代以降，世界水準の研究大学の育成や地方大学の教育力向上，大学の統廃合促進といった大学改革の盛り上がりのなかで，大学評価もまた改革に貢献するものであるべきとの政府の認識が強まっていった。

（2）新たな評価体制

2007 年 10 月に「高等教育法第 11 条の 2（評価）」が新設されたことで，それまでの大学総合評価認定制は廃止された。2009 年からは，大学において 2 年ごとに実施する「自己点検・評価」の義務化と，第三者の評価機関による任意の評価が規定された。法令では第三者の評価機関は政府が指定し，その評価結果が大学への財政支援に反映されると明示している。財政支援を受けるためには，大学側は政府の指定する評価機関からの評価が必要となり，間接的に政府の統制を受ける状況は継続した。

韓国大学教育協議会は評価機関に指定され，2011 年から 5 年ごとに韓国大学教育協議会傘下の韓国大学評価院が大学機関評価認定制を実施している。評価項目は，入学定員数，入学者数，在学者数，卒業生数，施設面積，運営収入などの教育面や大学運営面の項目が中心であるが，学生の産業界への貢献を示す就職率や，研究の質を測る教員の論文数などの指標も含まれている。

2-2. 大学財政支援事業

政府の大学に対する財政支援は「政府から高等教育に直接・間接的に投入される財政的支援」と定義され，それぞれの内容をもとに奨学金事業，国公立大学経常運営費支援事業，大学財政支援事業などに分類される。そのなかの大学財政支援事業は，限定された財源を合理的に配分することで，大学の教育や研究の質を高め，大学経営の効率性を増大させることを目的としてい

る（シンヒョンソク 2005）。評価方法は，教育部の提示した指標に従い各大学が計画書を作成し，書面審査とプレゼンテーションの過程を経て対象大学を選考する。

（1）競争による財政支援

韓国の大学財政支援事業は 1960 年代から開始され，そのうち研究支援に関してはおもに国立大学を対象に実施された。私立大学に対しては，1990 年までは施設の拡充や奨学金の支給などにとどまっていた。1994 年以前は平等の原理に基づき，支援は各大学へ比較的均等に配分されていた（イスヨン 2017）。しかし，1994 年の「工科大学重点支援事業」から産業育成などの特殊目的支援をしだいに拡大し，選別的な評価に基づいた支援制度を確立した。

1999 年に教育部は，評価による大学財政政策の決定版ともいえる BK21 を発表した。大学院や地方大学の育成を目的にする BK21 は，競争を通じた財政支援制度の基礎となった（シンヒョンソク 2005）。BK21 では，SCI などに収録された国際学術ジャーナルの論文数が評価基準として重視された。BK21 は，金大中政権に入り本格的に施行されたが，その基盤は金泳三政権の教育改革案にあった。BK21 の 1 段階を終えて，事業に参加した大学教員 1 人当たりの SCI 収録論文数は，事業に不参加の教員に比べて 10 倍以上多い結果であった。このように評価による選別的支援が大学間競争に火をつけ，大学自らが改革に乗り出すことで，大学教員の質も向上した。一方，財政支援事業の応募条件を満たせる大学は大規模大学に限られたため，大学間の序列化，学問分野間の不均衡，首都圏大学と地方大学との格差などが深刻化した（キムヨンほか 2018）。

（2）自主性の喪失

韓国では上記のように政策誘導型の財政配分を行ってきたため，大学が自主的に使途を決めることのできる絶常的な公的支援はほとんどなかった（馬越 2010）。大学財政支援事業はしだいに大学構造改革と連携するようになり，評価指標には，事業とは直接関連のない政策目的に関するものが含まれるよ

うになった。具体的には，学科の統廃合や構造改革に対する努力，入学定員
削減の実績，授業料引下げの努力，国立大学に関しては総長直接選挙の有無，
大学評価委員会の設立有無などである。このような評価指標は，大学の自主
性を損ない，大学運営にも支障をきたす事態を生じさせた。とくに，大学財
政の中心を占める授業料は，2010 年を過ぎたころから引上げが難しくなっ
た。その理由として，当時，高額な授業料への学生の不満が勃発し，それに
対して李明博政権が大学に対して授業料凍結の対応措置をとったからであ
る。それは，授業料を引上げない大学に限り，大学財政支援事業への参加や
学生への国家奨学金支給を認めるというものであった。また，国立大学では，
総長選挙が直接選挙制から間接選挙制につぎつぎと転換されたことで，民主
的な大学運営を危ぶむ声が上がった（キムヨンほか 2018）。

（3）「大学財政支援事業改編計画」

　教育部は 2018 年 3 月 21 日に「大学財政支援事業改編計画」を発表した。
従来の 8 つの大学財政支援事業を 3 区分（国立大学，一般財政支援，特殊目的
支援），4 事業（国立大学育成，大学革新支援，産学共同，研究支援）に再構成
した（図 1-1）。新しい体制の趣旨として，大学が独自の発展計画によって政
府の支援が受けられることを挙げ，その目標は，大学の自主性を高め国際競
争力を強化することとしている。具体的な事業のうち国立大学育成事業は，
基礎研究の確立，国家戦略的技術研究の開発，高等教育機会の提供といった
国立大学の公的役割を強化するためのものである。また，一般財政事業では，
大学の基本能力を支援することで，自主的な変化を期待している。特殊目的
支援事業は，研究水準などの大学の競争力向上を支援する。

文在寅政権の大学財政支援事業改編計画では，今までの政府中心の推進から，目標設定から成果管理までを大学が主導するボトムアップ式に変更することで，大学の自主性や国際競争力を高めることを狙いとしている。

2-3.「2018 年大学基本能力診断」
　大学構造改革は，1995 年の 5・31 教育改革案を出発点として，その後，持続的に推進されてきた。従来，政府は財政支援を通じて，大学間や大学内の統廃合を誘導する方式であったが，現在は一歩進んで，評価による大規模な大学の廃校を目的としている。さらに，各種の財政支援事業と入学定員の削減が連動されたことで，地域間や大学間の格差といった摩擦がいっそう大きくなった（キムヨンほか 2018）。このような反省をふまえて，文在寅政権は，大学の公共性と自主性を拡大し，教育の水準を高め，大学全体が本来の発展ができるように支援することを目的とした，大学基本能力診断評価を実施した。
（1）評価結果
　2018 年 9 月 3 日に発表された「2018 年大学基本能力診断」は，一般大学 187 校と専門大学 136 校を対象に実施した大学の構造改革評価である。専門大学とは 2 年制の短期大学を中心とした，職業教育を中心に行う大学をいう。
　第 1 段階と第 2 段階の診断から，評価の高い順に「自主改善大学」「能力強化大学」「財政支援制限大学」と区分した。自主改善大学は第 1 段階の審査に合格した大学で，入学定員の削減が免除され，また，政府の財政支援事業への参加が可能となる。第 1 段階で不合格となった大学は，第 2 段階の審査を経たのち，能力強化大学と財政支援大学に区分される。能力強化大学は，入学定員の削減を勧告されるが，財政支援事業への参加は部分的に可能となる。財政支援制限大学は，入学定員の削減勧告を受けると同時に財政支援事業への参加が不可能となり，奨学金の支援も制限される。さらに，財政支援制限大学は「類型Ⅰ」と「類型Ⅱ」に分類され，類型Ⅰは，学生に対する国家奨学金や奨学金貸与の支援が部分的に制限され，類型Ⅱはすべての奨学金

図 1-1 大学財政支援事業の再構造化

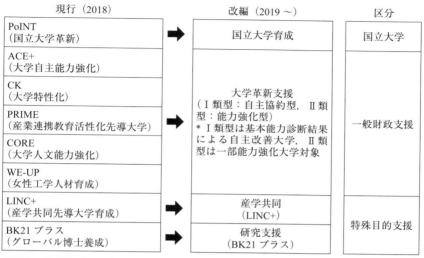

現行（2018）		改編（2019～）	区分
PoINT （国立大学革新）	→	国立大学育成	国立大学
ACE+ （大学自主能力強化）		大学革新支援 （Ⅰ類型：自主協約型，Ⅱ類型：能力強化型） ＊Ⅰ類型は基本能力診断結果による自主改善大学，Ⅱ類型は一部能力強化大学対象	一般財政支援
CK （大学特性化）			
PRIME （産業連携教育活性化先導大学）	→		
CORE （大学人文能力強化）			
WE-UP （女性工学人材育成）			
LINC+ （産学共同先導大学育成）	→	産学共同 （LINC+）	特殊目的支援
BK21 プラス （グローバル博士養成）	→	研究支援 （BK21 プラス）	

（出所）教育部（2018b）。

　の支援が受けられなくなる。診断の結果，自主改善大学は 207 大学（一般大学 120，専門大学 87），能力強化大学は 66 大学（一般大学 30，専門大学 36），財政支援制限大学は 20 大学（一般大学 10，専門大学 10）に確定された。宗教・芸術・体育系の 30 大学（一般大学 10，専門大学 10）は診断から除外された。

　地域別にみると，一般大学の場合では，自主改善大学（120 大学）は，首都圏が 51 大学（43%），首都圏外が 69 大学（57%）でやや均衡している。一方，能力強化大学（30 大学）は，首都圏が 6 大学（20%），首都圏外が 24 大学（80%），財政支援大学（10 大学）は，首都圏が 1 大学（10%），首都圏外が 9 大学（90%）となっており，不健全大学が地方大学に多いことが明らかになった。

　(2) 教育と運営の画一的評価

　一般大学の評価項目についてみると，教育と運営に関する評価が中心で，研究項目は含まれていない（**表 1-1**）。これは，全国の大学を平等に評価するために，研究に強い首都圏の上位大学層に有利にならないように配慮したた

表 1-1　一般大学の診断指標と配点（案）

区分	診断項目	配点
1段階評価	発展計画と成果	2
	教育条件と大学運営の健全性	21
	授業と教育課程運営	20
	学生支援	16
	教育成果	16
	小計	75
2段階評価	専攻と教養教育課程	11
	地域社会協力・寄与	5
	大学運営の健全性	9
	小計	25
合計		100

（出所）　教育部（2018c）。

めである。

（3）評価への課題

　大学構造改革は高等教育における最も重要な政策のひとつとして推進されてきた。文在寅政権でも大学構造改革は政権レベルの重要な改革課題として提示されている。しかし，大学構造改革および大学財政支援事業は依然として定量的，画一的な基本枠を維持しており，入学定員の削減などの短期的効果に固執し，中長期的な観点からの大学発展や体質改善までは進んでいない。被評価者の立場である教職員などの大学関係者からは，大学構造改革評価を中断すべきとの意見もある。それは，画一的な評価により，教育の多様化などの大学教育の改善効果がみえないためである。したがって，教育の質を評価すべく定性的な評価基準の設定が必要だと指摘されている（イヨンギュン 2018）。また，構造改革により地方大学が消えていくことで，地域が衰退するという憂慮の声も出ている。

2-4. 国内大学ランキング

　1994年に始まった『中央日報』の国内大学ランキングは，毎年全国の上位100大学の教育，研究，国際化，評判に基づいた順位を公開している。指標は全部で約30あり，海外の有力な大学ランキングよりも多様な基準で評価する。指標の算出には，韓国大学教育協議会の「大学情報公示」と韓国研究財団の「韓国研究業績統合情報（KRI）」などのデータを活用する。研究の量より質を重視する流れを反映するため，2011年からは影響力の高い学術ジャーナルに掲載された論文に対し，相対的に高い配点を与えている。また，論文数よりも論文当たりの被引用件数を高く反映し，質を重視する評価に改善している（二階2016）。2015年には教員の図書・翻訳書（人文・社会科学），産学共同（自然科学）の指標が新設された。

　大学の認証評価が教育や大学運営に重点をおくことに対して，中央日報の国内大学ランキングは，論文，研究費，知的財産権など，教員の研究部門の評価に最大の比重をおいている。大学側は，この大学ランキングが，入試に大きな影響力を及ぼすと考え，大学ランキングの評価指標を重視するようになった。

第3節　大学教員業績評価制度

　大学教員の業績評価は1994年の大学総合評価認定制の開始に合わせて導入され，ほとんどの大学で実施されるようになった。その背景には，大学が発展していく過程で，教員不足の時代から教員超過の時代へと状況が変化し，教員採用やテニュア（終身雇用資格）の付与などの競争が深刻化したことがある。大学教員の業績評価は，教員の能力や研究，授業の質の向上，社会サービス，学生への満足度の向上，大学競争力の確保などを本来の目的とするが，大学の教員採用や，昇進，成果給，定年保障，研究費支援などの人事管理に活用されることが多い。研究評価の評価項目は，国際的な動向に合わせた指

標や客観的な指標が多いため，人文・社会科学の教員を中心に，研究の質を
問う評価を要望する声が多い。

3-1. 制度の概要

　1999 年 1 月に，「教育公務員法第 11 条 2」（契約制任用など）が新設され，「大
学教員は大統領令が定めるところにより，勤務期間，給与，勤務条件，業績
および成果などの契約条件を定めて任用することができる」と規定された。
法律の新設があるまでは，教員の業績および成果の評価に関する制度的基盤
は整備されていなかった。新規任用，再任，昇進，定年保障，研究費支援な
どにおいて公正な実績評価の重要性が強調されるなかで，多くの大学で大学
教員の業績評価が実施されるようになった。2001 年には総合大学の 84.5%
が大学教員の業績評価を実施し，その評価結果を人事管理に活用した（チェ
ウンス 2015）。

　各大学で実施している大学教員の業績評価は，韓国大学教育協議会で作成
した案をモデルにしている。評価対象となる教員の業績は教育，研究，社会
サービスの 3 つの分野に区分され，さらに下位項目に細分化される（ユハン
グ 1997）。各大学では大学および単科大学ごとに大学教員業績評価委員会を
設け，教育や研究の質の向上，研究環境の改善，社会サービスの推進，学生
の満足度向上，大学の競争力確保などを目的に，業績管理，評価の基準や手
続き，様式の決定，評価の活用などに関する事項を規定し，毎年評価を実施
している（ナミンジュ 2010）。評価の決定過程については，大半の大学が大
学教員業績評価委員会などで 1 次決定をしたあと，教授会議などで 2 次決定
をしている。国立大学では，総長が最終決定権を握っていることもある（パ
クナムギ 2006）。

3-2. 研究・教育業績中心の評価構造

　各大学の教員業績評価の基準では，評価項目を教育，研究，社会サービス
の 3 分野に区分して分野ごとに比重をつけて点数化している。一部の大学で

は，企業で役立つ人材を養成することを目的に産学共同の評価項目を設けている。キムワンジュンらは学問分野や数量的指標を中心に，国立大学の評価規定を分析した（キムウァンジュン・ユンホンジュ・ナミンジュ 2012）。分析した内容をみると，大学によっては，教員の専門分野によって研究中心型や教育中心型の評価などに分類し，それぞれの専門に相当する評価分野の比重を高くしている。また，教育分野と研究分野の評価の比重を高くする大学が多く，ふたつを合わせた配点の合計は80%から90%程度を占めていることがわかる（表1-2）。また，政府が実施する大学財政支援事業では，産学共同の事業を柱としているものもあり，連動する形で大学教員の業績評価においても，産学共同に関する評価項目を採択する大学が増えつつある。

表1-2　国立総合大学の評価類型と評価項目の配点

大学	教員別評価類型の選択	評価項目			
		教育	研究	社会サービス	産学共同
A大学	なし	40	50	10	
B大学	なし	無限	無限	無限	
C大学	標準型	40	50	10	
	教育中心	60	30	10	
	研究中心	30	60	10	
	社会サービス中心	40	40	20	
D大学	なし	50	50	20	20
E大学	なし	120	80	20	
F大学	標準型	50	40	10	
	教育中心	60	30	10	
	研究・産学官中心	30	60	10	
	社会サービス中心	30	30	40	
G大学	一般	45	45	10	
	教育中心	60	30	10	
	研究中心	30	60	10	
H大学	一般	45	45	10	
	産学共同	30	30	10	30
I大学	なし	50	40	10	

（※ 総合大学は表の左端に「総合大学」と記載）

（出所）キムワンジュン・ユンホンジュ・ナミンジュ（2012, 154-155）から抜粋。

3-3. 国際学術ジャーナルへの高い評価

大部分の大学教員の業績評価では、研究成果の形態が国内か国際かのちがいで配点に差をつけている。傾向として国内学術ジャーナル論文より国際学術ジャーナル論文の配点が高く、国内学会での発表より国際学会での発表の配点が高い（キムウァンジュン・ユンホンジュ・ナミンジュ 2012）。

イヘギョンは、学術ジャーナル論文の評価について、27 大学の評価基準と韓国研究財団の評価基準を比較し分析した。その結果、27 大学のすべてが韓国研究財団の評価点数を参考にして、論文間の配点に差をつけていることが明らかになった。多くの大学では、国際学術ジャーナルを SCI、SSCI、A&HCI、SCIE、スコーパス（Scopus）に収録されたジャーナルとそれ以外、国内学術ジャーナルを後述する「学術ジャーナル登録制度」への登録ジャーナル（以下、「財団登録ジャーナル」）とそれ以外に区分している（イヘギョン・ヤンギドク 2017）。表 1-3 は各大学の大学教員の業績評価において、財団登録ジャーナルを 100 として、最大点数と最小点数、平均点数を登録ジャーナルごとに比較した一覧である。平均点数を比較してみると、SCI、SSCI、A&HCI、SCIE は財団登録ジャーナルの平均約 2.5 倍、SCIE は平均約 2 倍、スコーパスは平均約 1.5 倍であり、国際ジャーナルに高い評価をつけていることがわかる。*Cell, Nature, Science* には 1000 点をつけている大学もあった。

表 1-3　大学の学術論文評価基準の点数格差

	最大点数	最小点数	平均点数
財団登録ジャーナル	100	100	100
財団登録ジャーナル候補	100	50	83.02
Cell, Nature, Science	1,000	100	340.43
SCI	333.33	100	231.98
SSCI	350	100	249.26
A&HCI	350	100	247.41
SCIE	333.33	100	196.48
スコーパス	200	66.67	142.10

（出所）　イヘギョン・ヤンギドク（2017）。

表 1-4　国立総合大学の論文，専門図書，専門書訳書，研究報告書の配点

大学		財団登録ジャーナル論文	国内専門図書	専門書訳書	研究報告書
総合大学	A 大学	100	200	140	20
	B 大学	15	20	15	
	C 大学	30（人文・社会科学分野） 20（自然科学分野）	30	30	
	D 大学	150	200	150	50
	E 大学	30	40	30	
	F 大学	150	200	100	50
	G 大学	100	150	100	
	H 大学	100	200	100	
	I 大学	20	30	20	

（出所）　キムワンジュン・ユンホンジュ・ナミンジュ（2012, 158-159）から抜粋。

　表 1-4 は各国立大学の教員業績評価において，財団登録ジャーナル論文と図書との点数を比較したものである。論文と図書の配点は各大学により異なるが，国内専門図書の配点に，財団登録ジャーナル論文の 2 倍の点数をつけるところが多い。また，政府や公共機関が発行する研究報告書に対しては研究業績と認定していない大学が多いことから，教員業績評価においては研究報告書の重要性が低いとみられる。人文・社会科学では，成果の発表形態が図書である場合が多いため，学界からは図書の配点を高くするなどの評価の見直しを求める声が少なくない。

3-4．昇進評価の事例

　つぎに個別の大学の事例として Z 大学の「教授業績評価規定」（1998 年 3月 1 日制定，2018 年 11 月 19 日改訂）を参照する。Z 大学はソウルにある総合私立大学で，韓国のなかでは上位に準じる大学に分類される。表 1-5 は，Z大学の教員に対する業績評価の規定から抜粋して作成した昇進認定の際の分野別基準表である。この表から，いくつか明らかな特徴が読み取れる。ひとつは，研究分野の評価配点が教育，社会サービス分野に比べて圧倒的に高くなっていることである。もうひとつは，研究業績において，評価が年々厳し

くなっているということである。つまり，ソウルにある上位大学は，国際競争力を高めるために研究を重視しており，大学教員の業績評価にもその影響が反映されている。

表1-5の研究業績の点数を比較してみると，2011年8月以前に任用された教員と2011年9月以降に任用された教員では，昇進に必要な点数が増加していることがわかる。助教授から副教授への昇進では，人文・社会科学が960点から1200点，自然科学が1200点から2400点，副教授から教授への昇進では，人文・社会科学が1440点から1800点，自然科学では1800点から3600点となっている。上昇幅でみると，人文・社会科学は1.25倍，自然科学は2倍へと急増している。

表1-5　Z大学における新規任用教員の昇進評価基準表

職級（所要年数）	任用時期別の対象教員	研究分野の業績点数 注1（著名業績点数）		教育・社会サービス分野の点数		著名業績の必須件数（単独著者）
		人文・社会科学	自然科学			
助教授→副教授（4年）	2011年8月31日以前に任用	960 (600)	1,200 (960)	400	2	※自然科学はスコーパスを除く
	2011年9月1日から2017年2月28日に任用	1,200 (840)	2,400 (1,680)	400	2	※自然科学はスコーパスを除く
	2017年3月1日以降に任用	1,200 注2(840)	2,400 (1,680)	400	4	
副教授→教授（6年）	2011年8月31日以前に任用	1,440 (900)	1,800 (1,440)	600	2	※自然科学はスコーパスを除く
	2011年9月1日から2017年2月28日に任用	1,800 (1,260)	3,600 (2,520)	600	2	※自然科学はスコーパスを除く
	2017年3月1日以降に任用	1,800 注2(1,260)	3,600 (2,520)	600	6	

（出所）　Z大学「教授業績評価規定」（1998年3月1日制定，2018年11月19日改訂）から抜粋。
（注）　1）著名業績対象ジャーナルは下記のとおり。
　　　　　人文・社会科学：SCI,SSCI,A&HCI,SCIE, スコーパス , 財団登録ジャーナル
　　　　　自然科学：SCI,SSCI,A&HCI,SCIE, スコーパス
　　　　2）人文・社会科学は，著名業績点数のうち，600点以上がSCI, SSCI, A&HCI, SCIE, スコーパスに掲載されなければならない。

　さらに，著名業績の必要件数においても条件が厳しくなっている。Ｚ大学で規定されている著名業績対象ジャーナルとは，SCI，SSCI，A&HCI，SCIE，スコーパスなどの国際学術ジャーナルデータベースに登録されたものである。人文・社会科学については財団登録ジャーナルも著名業績に含めている。2017 年 2 月以前と 2017 年 3 月以降に任用された教員を比較すると，著名業績の必要件数は，助教授から副教授への昇進では 2 本から 4 本，副教授から教授への昇進では 2 本から 6 本に増えた。さらに詳細に分析すると，人文・社会科学においては，2017 年 3 月任用の職員から，著名業績点数のうち，600 点を上記の国際学術ジャーナルに掲載しなければならない条件が加わった。そのため，以前は財団登録ジャーナルの論文だけでも審査基準を満たしていたものが，国際学術ジャーナルに何本か執筆しないと昇進できない結果となった。人文・社会科学は経済学分野を除く多くの分野において，国内学術ジャーナル論文や図書を中心に韓国語で成果を発表するというコミュニティが形成されている。そのような状況で，国際学術ジャーナルへの掲載を増やしていくことは容易でないといえる。

3-5.　評価が残した課題

　大学は国際化の波と財政のひっ迫で，生き残りをかけた競争に参加している。とくに上位の大学では，国際競争力を向上させるために研究能力の拡大が重要な目標である。そのため，大学教員には国際的な研究成果が要求され，その結果が大学教員の業績評価に反映されることになる。また，大学と企業の連携が深化するなか，企業が求める人材を養成できる教育・研究プログラムも求められている。このような国際化や市場原理の流れに連動し，大学教員の業績評価項目も変化せざるをえないのが現状である。

　適正な評価期間についても改善の要望が多い。大学教員の業績評価の評価期間は 1 年単位で運用される。そのため，長期的な研究が評価に反映されることが難しい。とくに，人文・社会科学の場合，図書は長期間にわたる資料収集と研究が必要で，研究結果の生命力は長期間持続する。そのため，人文・

社会科学の研究者が学問の特性に合わせた研究に専念できるように，評価期間を考慮する必要がある。

　論文を数量的な指標により評価することに対しても問題提起されている。国内大学での大学教員の研究業績評価は，国内外の学術ジャーナルへの論文掲載数を一律に点数化し，定量的に評価する場合がほとんどであり，論文の質を定性的に評価する方式が積極的に活用されていない（教育科学技術部2012）。とくに，国際学術ジャーナルに掲載された論文数を重要な基準とする画一的な業績評価を採用する大学が多い。人文科学においては，研究者の約9割が韓国語で出版する一方で，国際論文の割合は全体の2%にも満たない。つまり，人文科学の独自性，多様性，地域性の3つの特性から，研究成果を定量化して評価することは難しいといえる（パクチャンギル2014）。

　最近では，大学教員業績評価委員会においてピアレビューを導入する大学がいくつか出てきている。ピアレビューは，同じ分野の学者たちの助言と協力を受けて内容を改善する過程である。ピアレビューが韓国の研究評価において一般化されていないため，そのような慣行を定着させることは容易ではない。しかし，一部の大学ではあるが，研究評価においてピアレビューを導入したことは，質の評価を測るうえで，一歩前進したことは間違いない。

第4節　学術・研究支援事業

4-1. 学術・研究支援事業の概要

　前述した大学財政支援事業が大学への支援であるのに対して，「学術・研究支援事業」は研究者個人向けの支援である。基礎研究と研究者養成を目的とし，日本の「科学研究費助成事業（科研費）」に相当する。1979年に制定された「学術振興法」に基づき始まった「博士研究者海外研修支援事業」（1982年）が出発点である。学術・研究支援事業は教育部と科学技術情報通信部が管轄する事業で，大きく自然科学と人文・社会科学に分けられる。2018年

の予算規模は，自然科学基礎研究事業が 1 兆 4643 億ウォン（日本円で 1464 億円。教育部管轄 4525 億ウォン，科学技術情報通信部管轄 1 兆 118 億ウォン），人文・社会科学学術支援事業が 2290 億ウォン（教育部管轄）である。そのほかの教育部管轄の事業は，古典翻訳・韓国学術振興事業が 202 億ウォン，学術基盤構築事業が 175 億ウォンとなっている。事業の推進にあたっては，事前審査，経過審査，結果審査の評価が実施され，質の担保が要求される。

4-2. 人文・社会科学への支援
（1）人文・社会科学学術振興事業

　人文・社会科学に対する支援事業は 2007 年の「人文学振興事業」から具体化され，2018 年度は，人文・社会科学学術支援事業（16 事業），古典翻訳・韓国学術振興事業（10 事業），学術基盤構築事業（3 事業）を実施している。2018 年の事業方針（2018 年人文・社会科学の学術振興事業総合計画）は，①人文・社会科学の個人・共同研究の中長期支援，②人文・社会科学，韓国学の質的評価の導入拡大と研究責務の強化，③海外にある韓国学研究所の支援強化，④学術団体の支援資格強化と学術支援共同活用の拡大，を挙げている。

（2）個人研究者支援事業

　人文・社会科学学術支援事業は，個人研究，共同研究，機関間研究，成果拡散の事業に分かれる。そのうちの個人研究者支援事業（新人・中堅・優秀学者）は，人文・社会科学の草の根である個人の基礎研究を幅広く支援し，創意に富んだ研究開発を拡大し，国家の研究力を高めることにある。2018 年の年間予算は，新人研究者支援が 181 億ウォン，中堅研究者支援が 254 億ウォン，優秀学者支援が 18 億ウォンとなっている。支援対象者，支援期間，支援金額は**表 1-6** のとおりである。

表 1-6　個人研究者支援事業支援内容

事業名	支援対象者	支援期間	支援金額
新人研究者支援	助教授以上の職位で任用されてから5年以内の大学教員，または博士号取得後10年以内の研究者	1～3年	2,000万ウォン以内/年（間接費別途）
中堅研究者支援	助教授以上の職位で任用されてから5年を超過した大学教員，または博士号取得後10年を超過した研究者	7年(3+4), 10年(5+5)	1,000万ウォン/年（間接費別途）
		1～3年	2,000万ウォン以内/年（間接費別途）
優秀学者支援	博士号取得後10年を超過し，助教授以上の経歴が10年以上の大学所属または学会所属の研究者	5年（3+2）	3,000万ウォン/年（間接費別途）

（出所）　教育部（2019）。

　事業にあたっては，選定評価，段階評価，結果評価の3つの評価が実施される。選定評価では，①要件審査，②専攻評価，③総合評価の3段階で評価を行い，研究の創意性，研究者の能力，研究計画書の水準で審査を行い，提案の合否を決める。段階評価とは，研究実施中に行う中間評価で，①専攻評価と②総合評価の2段階で行い，研究の進捗や実績，今後の計画の適正や達成可能性を評価する。基準点以下の評価だと支援が中断される。結果評価とは研究成果に対する評価である。研究が終了すると，その2年後に成果を提出し，評価を受けなければならない。評価が低いと，支援金の一部返金や次回の課題への参加の制限などを受ける。一方，研究終了後の2年以内に，財団登録ジャーナルやSCI，SSCIなどの国際学術ジャーナルに第1著者として論文を掲載した場合や，図書・翻訳書（単独著書／共同著書）を執筆した場合には，結果評価は免除される。実績基準として，新人研究者や中堅研究者は支援年数分の論文数が必要で，優秀学者は国内外の著名な出版社からの出版が要求される。図書は論文より高い評価が与えられていて，図書・翻訳書の単独著書は論文の3編分，共同著書は2編分に充当される。大学の教員業績評価では図書の評価を論文の1～2倍にしているところが多いのに比べて，教育部の人文・社会科学学術支援事業の評価はそれより高い。これは，

人文・社会科学の成果の大半が図書であるということに鑑みて，研究成果を評価に正しく反映させるという意図が込められているといえよう。

4-3.　人文・社会科学の発展へ

2018年10月にインタビューした教育政策担当者は，人文・社会科学に力を入れているのは以下の理由だと述べている。

　人文・社会科学は韓国の1970年代，80年代には大変人気が高く，一般国民と密接な関係があった。しかし，最近少しずつ国民生活と乖離してきているのが大きな問題であり，国民の生活の質を改善できるような人文・社会科学に力を入れている。また，海外に韓国の学問を知らせることも重要である。その前提として国民が人文・社会科学への関心が高くなることで，人文・社会科学が育成され，海外に伝達される。

　もうひとつの重要な役割として，韓国固有の伝統的漢籍の普及をあげる。韓国内には漢籍がたくさんあるが，まだ一部しか翻訳されず，デジタル化，ファイル化もされていないので，オンライン上で検索することができない。英語に翻訳されれば外国でも利用することができるので，デジタル化作業は「学術・研究支援事業」の主要な事業となっている。

　学術・研究支援事業は学術研究の向上を通じて国内すべての大学が発展することをひとつの目標としている。世界大学ランキングを意識する上位大学だけを対象にするわけではない。韓国全体をみると国内ジャーナルへの掲載が多く，そのような学問を育成することが求められている。すべての大学が，世界大学ランキングを重要だと考え，その指標に合わせていくと消えていく大学も出てくるだろうと提言する。

第 5 節　学術ジャーナル登録制度

5-1. 制度の概要

　1991 年に韓国学術振興財団は，国内学術ジャーナルの発行経費と学術大会開催経費などを支援する「学術団体支援事業」を開始した。韓国学術振興財団は，この事業を通じて，国内学術団体の学会活動と学術ジャーナル発行の活性化に大きく寄与することになった。そして，1998 年度には学術ジャーナルのデータベース化と学術ジャーナル育成のための学術ジャーナル登録制度を導入した。2009 年には，韓国学術振興財団と韓国科学財団，国際科学技術協力財団が統合し，韓国研究財団が発足した。

　登録された学術ジャーナルの書誌情報，掲載論文，参考文献は，KCI に取り込まれ，論文引用件数やインパクトファクターなどの指標として利用者に提供される（チェテジン・キムソヒョン・ユンエラン 2013）。

　学術ジャーナルは専門委員に評価され，レベルにより優秀登録学術ジャーナル，登録学術ジャーナル，登録学術ジャーナル候補の 3 種類に分けられる。評価項目は，ジャーナルのオープンアクセス化や論文数，発行回数などの定量的評価（30 点）と論文内容と編集委員会活動の評価（60 点），学問分野の特性を考慮する評価（10 点）となっている。登録の基準点数は，優秀登録学術ジャーナルが 90 点以上，登録学術ジャーナルが 85 点以上である。

　財団登録ジャーナルへの論文掲載数は，学術ジャーナル登録制度が導入された 1998 年以降，各大学の教員業績評価の配点基準として活用され始めた。大学の教員業績評価では，財団登録ジャーナルに掲載された論文には，その他の国内ジャーナルに掲載された論文よりも高い評価を与えている。このことは，大学教員が財団登録ジャーナルに研究成果を優先的に発表する動機づけとなっている。

表1-7　財団登録ジャーナルの現況

（単位：ジャーナルタイトル数）

区分	人文・社会科学					自然科学					合計
	人文科学	社会科学	芸術・体育	複合学	計	数学・物理・科学・生物など	工学	医薬学	農水海洋	計	
財団登録ジャーナル	508	737	112	88	1,445	115	218	246	71	650	2,095
財団登録ジャーナル候補	73	142	22	19	256	13	30	39	6	88	344
計	581	879	134	107	1,701	128	248	285	77	738	2,439
	23.8%	36.0%	5.5%	4.4%	(69.7%)	5.2%	10.2%	11.7%	3.2%	(30.3%)	100%

（出所）　KCI ウェブサイトより作成。https://www.kci.go.kr/kciportal/main.kci（2019 年 2 月 10 日アクセス）

5-2.　財団登録ジャーナルの現況

（1）財団登録ジャーナル数の増加

　財団登録ジャーナル数は，1998 年の開始時期には 56 タイトルであったが，2019 年 2 月 10 日時点では，2439 タイトルに増加した。学問分野別にみると，社会科学が 879 タイトル（36%）で最も多く，つぎに人文科学が 581 タイトル（23.8%），医薬学が 285 タイトル（11.7%）と続く。人文・社会科学は全体の約 70% を占めている（表 1-7）。

　学術ジャーナル登録制度は，国内学術ジャーナルの量的拡大と，学術ジャーナルの水準をはかる検証システムの構築など，国内学術ジャーナルの発展の枠組みを設けた。このような意義にもかかわらず，学術ジャーナル登録制度は研究の多様性を阻害する要因となるという批判を受けてきた（チェテジン・キムソヒョン・ユンエラン 2013）。2009 年に 2057 タイトルであった財団登録ジャーナル数は，2019 年 1 月 10 日時点では 2439 タイトルに増加した（表 1-8）。同時点での韓国の学術ジャーナル総数 5494 タイトルのうち，財団登録ジャーナルが 44% を占めているため，必ずしも高い水準の厳選されたジャーナルとはいえなくなった。このように，学術ジャーナル登録制度は，国内ジャーナルのデータベース化とタイトル数の増加に大きく貢献したが，

表 1-8　KCI 年度別データ構築状況

（単位：ジャーナルタイトル数，論文数，参考文献数）

区分	2009	2010	2011	2012	2013	2014	2015	2016	2017	2018	合計 (1980-2018)
学術ジャーナル	2,057	2,178	2,252	2,261	2,258	2,306	2,358	2,409	2,428	2,439[注]	–
論文	92,848	97,573	101,168	103,110	103,841	107,262	109,394	108,474	108,155	108,914	1,527,651
参考文献	2,287,060	2,444,637	2,612,576	2,744,918	2,822,962	2,963,782	3,085,904	3,127,489	3,164,247	–	34,949,841

（出所）　KCI ウェブサイトより作成 。　https://www.kci.go.kr/kciportal/main.kci（2019 年 2 月10 日アクセス）

ジャーナルの水準向上にはつながっていない。

（2）財団登録ジャーナル論文数は横ばい

　韓国研究財団が財団登録ジャーナルの論文を KCI で本格的に管理し始めたのは 2004 年からである。学術ジャーナル登録制度の管理指針では，財団登録ジャーナルに論文が掲載された場合，大学は KCI に 14 日以内に論文を登録しなければならないと規定されている。KCI で管理している論文数は，1980 年から 2018 年までの合計で約 150 万件となっている。しかし，最近は年間 10 万件ずつのデータ登録が続き，拡大傾向はみられない（表 1-8）。

5-3.　国内ジャーナルに集中する社会科学分野

　表 1-9 は，韓国研究者が国際学術ジャーナルと財団登録ジャーナルに掲載した論文を分類ごとに集計したものである（チェテジン・キムソヒョン・ユンエラン 2013）。表の数字は，National Science Indicators データベースの 22 標準分野に基づき，韓国研究者が発表した SCI/SSCI 論文数（自然科学は SCI，社会科学は SSCI）と各分野での順位，そして，同じ分野に該当する財団登録ジャーナルの論文数を表したものである。SCI/SSCI 論文数と財団登録ジャーナル論文を比較してみると，自然科学では SCI と財団登録ジャーナル論文数が全般的に均等化しているが，社会科学では財団登録ジャーナル論文数が圧倒的に多くなっている。これは，自然科学分野において英語での論文成果が定着していることに加え，大学教員の研究業績評価において SCI/SSCI な

表 1-9　（SCI／SSCI）と KCI に収録された韓国研究者執筆論文数の比較（2010 年）

National Science Indicators データベースの 22 標準分野		韓国研究者による（SCI／SSCI）論文数	韓国の（SCI／SSCI）論文順位	財団登録ジャーナル論文数（該当分野）
工学とコンピュータ	Computer Science	1,486	4	1,491
	Engineering	5,412	5	14,387
	Materials Science	3,193	6	889
物理・化学・地球科学	Chemistry	5,113	10	1,295
	Geosciences	552	18	2,046
	Mathematics	789	13	1,491
	Physics	4,699	9	1,733
	Space Science	309	20	24
生命科学	Biology & Biochemistry	2,038	10	1,406
	Immunology	332	15	50
	Microbiology	797	9	25
	Molecular Biology & Genetics	816	13	1,303
	Neuroscience & Behavior	665	15	289
	Pharmacology & Toxicology	1,107	8	1,725
医学	Clinical Medicine	7,640	12	9,457
農業・生物・環境科学	Agricultural Sciences	1,020	10	3,813
	Environment/Ecology	570	18	2,261
	Plant & Animal Science	1,381	15	1,430
学際	Multidisciplinary	31	21	–
社会科学	Economics & Business	431	14	4,873
	Social Sciences, General	813	17	19,051
	Psychiatry/Psychology	203	25	611

（出所）　チェテジン・キムソヒョン・ユンエラン（2013）。
（注）　自然科学は SCI，社会科学は SSCI。

どに収録された国際学術ジャーナルの掲載論文に高い配点を与えているためである。一方，社会科学分野は，学問の性格から母国語で成果を出すことが多いため，国内ジャーナルへの掲載が多くなっているといえる。

5-4.　国内外との連携

　KCI では，ジャーナル，論文，参考文献を一元的に管理し，参考文献の引

用情報をもとに引用件数，インパクトファクター，H-Index などの論文の質を測れる指数を提供している。質を重視する人文・社会科学の学者にとっては重要な指数といえよう。また，KCI と各大学の大学教員の業績評価システムを連動させ，KCI への論文登録等の管理手続きを省力化する仕組みも構築している。

　また，KCI は WoS と連携し国内論文を海外に流通させている。WoS からも KCI の論文を検索することができ，原文まで読むことができる。原文が韓国語の場合は英語で抄録を作成し，内容が理解できるよう努めている。さらに，KCI と WoS 間では，引用情報を共有しているため，国内学術ジャーナルと国際学術ジャーナルをリンクさせて論文の影響度を分析することも可能である。最近では，論文の検索ヒット率を高めるために，登録された原文を PDF から XML に移行したり，学術ジャーナル登録制度の審査条件に XML 化の項目を追加したりするなど，新たな海外流通の強化を図っている。

　　おわりに

　韓国の大学は 1960 年代から国家の統制を受けながらも自主的経営を追求してきた。しかし，国家が大学の研究と教育を先導する体制は政権交代を経ながらも続いた。1980 年代からは財政支援と引換えに評価が導入された。授業料を主たる運営資金とする私立大学は財源不足に陥り，国家の資金が大学運営のよりどころとなった。国家は財政支援を武器に，入試制度，入学定員の調整，総長選挙などの大学運営に介入し，大学の自主的な経営を圧迫した。1987 年の民主化を経て，大学も市場に目を向け，企業と連携し大学運営を推進した。その背景には企業からの資金援助と国際化の影響が大きかった。

　大学評価は国家の大学改革の道具として利用されてきた。大学には国際的，実用的，即効的な成果が要求され，評価基準は数値化され画一的となった。

大学は財政難を解消するために，政府の財政支援獲得に最大限の努力をはらった。しかし，少子高齢化による入学者数の減少と大学構造改革で，厳しい大学運営の環境は改善をみない。

　大学教員の業績評価では，国際的競争力や論文数などの数量的指標が使われ，評価が悪ければ，財政支援も受けられず，昇進もできない。国際学術ジャーナルの論文を重視する評価の流れはますます深化している。大学教員は昇進や定年保障という保身のために，業績評価の基準を満たすことに精一杯である。彼らは，教育や研究の質を向上させるという大学本来の目的を心に銘じながらも，評価によってそれを現実化していくことに限界を感じ始めている。

　一方，評価する側は，定量的な評価のすべてを強要しているわけではない。研究の質を測る仕組みは少しずつであるが導入されつつある。大学教員の業績評価においては，いくつかの大学ではピアレビューを評価項目に取り入れ，研究の質を測る努力を試みている。また，教育部の学術・研究支援事業では，人文・社会科学の主たる研究成果である図書の評価の配点を高めている。韓国語でしか表現できない学問分野であることを認識しつつ，それを発展させていこうとの現れである。さらに，韓国研究財団では，KCI と WoS を連携し，韓国語の原文であっても，それを世界に流通させる仕組みを試行している。

　大学の国際競争力が試される一方で，地に根づいた学問を追求する精神は消えていない。評価の改善に向けて評価する側とされる側との協力の下，努力を積み重ねていくことが期待されている。

〔参考文献〕

＜日本語文献＞
大学評価・学位授与機構 2012.『韓国高等教育質保証インフォメーション・パッケージ』大学評価・学位授与機構.
安東由則 2013.「韓国における高等教育政策の動向と大学の現況」『武庫川女子大学教育研究所研究レポート』（43）: 53-88.

石川裕之 2012.「韓国における高等教育の質保証システムと学習成果アセスメントのインパクト」深堀聰子編『学習成果アセスメントのインパクトに関する総合的研究』国立教育政策研究所.

馬越徹 1995.『韓国近代大学の成立と展開——大学モデルの伝播研究——』名古屋大学出版会.

——— 2010.『韓国大学改革のダイナミズム——ワールドクラス（WCU）への挑戦——』東信堂.

小川佳万・姜姫銀 2018.『韓国の高等教育——グローバル化対応と地方大学——』（高等教育研究叢書 139）広島大学高等教育研究開発センター.

二階宏之 2016.「韓国の学術雑誌引用索引データベースと研究評価」佐藤幸人編『東アジアの人文社会科学における論文データベースと評価制度』日本貿易振興機構アジア経済研究所.

尹敬勲 2016.「韓国の大学構造調整と私立大学の生き残り戦略」『流経法學』15(2):1-16.

＜韓国語文献＞

교육과학기술부［教育科学技術部］2012.『국내외 대학의 교수업적평가 사례 분석 연구』［国内外大学の教員業績評価の事例分析研究］교육과학기술부［教育科学技術部］.

교육부［教育部］2018a.『대학 자율성 및 경쟁력 제고를 위한 대학 재정지원사업 개편계획（안）』［大学の自主性と競争力向上に向けた大学財政支援事業の再編計画（案）］교육부［教育部］.

——— 2018b.「대학재정지원사업개편계획확정발표」［大学財政支援事業改編計画確定発表］（보도자료）［報道資料］교육부［教育部］.

——— 2018c.「"2018년 대학 기본역량 진단" 최종 결과 안내」["2018年大学基本力量診断"最終結果案内]（보도자료）［報道資料］교육부［教育部］.

——— 2018d.『2018년 학술연구지원사업 종합계획』［2018年学術研究支援事業総合計画］교육부［教育部］.

——— 2019.『2019년 인문·사회분야 학술연구지원사업 종합계획』［2019年人文・社会科学分野の学術研究支援事業総合計画］교육부［教育部］.

김왕준·윤홍주·나민주［キムワンジュン・ユンホンジュ・ナミンジュ］2012.「국립대학 교수업적평가 관련규정 비교분석」［国立大学の教員業績評価に関する規定比較分析］『한국교원교육연구』［韓国教員教育研究］29（1）：143-165.

김용 외［キムヨンほか］2018.『대학평가의 정치학』［大学評価の政治学］하이시습［ハイシスプ］.

김미란 외［キムミランほか］2014.『대학 구조개혁 평가 방향 정립을 위한 대학평가 운영 실태 분석』[大学構造改革評価の方向性のための大学評価の運営実態分析] 한국교육개발원 [韓国教育開発院].

김정인 [キムジョンイン] 2018. 『대학과 권력』[大学と権力] 휴머니스트 [ヒューマニスト].

나민주 [ナミンジュ] 2010. 『국립대학 교원 업적평가 현황 분석 연구』[国立大学教員の業績評価の現況分析研究] 교육과학기술부 [教育科学技術部].

박남기 [パクナムギ] 2006. 『대학별 교수업적평가 현황 분석 및 교수업적 평가 모형 개발』[大学別教員業績評価の現況分析と教員業績評価モデルの開発] 교육인적자원부 [教育人的資源部].

박찬길 [パクチャンギル] 2014. 「인문학 평가, 어떻게 할 것인가」[人文科学評価, どうするのか]『안과밖 : 영미문학연구』[中と外──英米文学研究──] (37) : 84-109.

변기용・송인영 [ビョンキヨン・ソンインヨン] 2018. 「문재인 정부 고등교육 개혁 추진 현황 및 개선과제 : 대학 구조개혁 및 재정지원 사업 재편 정책을 중심으로」[文在寅政権の高等教育改革推進現況と改善課題──大学構造改革と財政支援事業再編政策を中心に──]『한국교육학연구』[韓国教育学研究] 24 (2) : 51-79.

신현석 [シンヒョンソク] 2005. 『한국의 고등교육 개혁정책』[韓国の高等教育改革政策] 학지사 [ハクジサ].

유한구 [ユハング] 1997. 「교수업적 평가와 대학의 이념」[教員業績評価と大学の理念]『대학교육』[大学教育] (3/4) : 65-73.

이수연 [イスヨン] 2017. 「대학 재정지원 정책 평가와 대안」[大学財政支援政策の評価と代案]『대학과 정책』[大学と政策] (1) : 125-149.

이용균 [イヨンギュン] 2018. 『대학구조개혁평가 : 주요 쟁점에 대한 논리구조분석』[大学構造改革評価──主要争点に対する論理構造分析──] 한남대학교 [漢南大学].

이혜경・양기덕 [イヘギョン・ヤンギドク] 2017. 「국내대학의 연구업적평가기준 비교 분석」[国内大学の研究業績評価基準比較分析]『한국도서관 정보학회지』[韓国図書館情報学会誌] 48 (2) : 295-322.

최은수 [チェウンス] 2015. 『교수연구업적평가를 위한 논문 계량 지표』[教員研究業績評価のための論文計量指標] 경북대학교 [慶北大学].

최태진・김소형・윤애란 [チェテジン・キムソヒョン・ユンエラン] 2013. 『국내 학술지 현황분석을 통한 제도개선 방안 연구』[国内学術ジャーナルの現状分析を通じた制度改善案の研究] 한국연구재단 [韓国研究財団].

理想と現実の間

アブドゥル・ハミッド

　最近数年の間，インドネシア政府は研究と高等教育の質を改善することを訴えてきた。その引き金となったのは，少なくとも東南アジアにおいて，インドネシアの研究の発展が遅れていることに気づいたことである。そのため，ジョコ・ウィドド大統領は2014年，研究・技術・高等教育省という新しい官庁を設立した。

　2012年の高等教育総局の回状第152号では，「現在，インドネシアの大学の研究成果の総数は依然としてマレーシアと比べて少なく，約7分の1しかない」と述べられ，研究の発展の遅れを自覚していることが示されていた。この回状では大学の卒業生がジャーナル論文を増やす必要がある，修士は高等教育総局が認定している国内ジャーナルに掲載される論文を増やす必要がある，博士は国際ジャーナルに掲載される論文を増やす必要があるとも述べている。

高等教育における研究への傾斜

　このような見方を受けて，高等教育における一連の政策の変更が行われた。そのなかには大学教員の昇進制度における研究成果の発表の重視も含まれていた。それ以前には教員は教育に重点をおいていた。しかしながら，2013年以降，研究がより重要になったのである。

　「大学教員の職階とその評価点に関する行政効率化・官僚改革国務大臣令2013年第17号」は，教員の学術的な地位がより高くなれば，研究成果の発表に対する要求も高くなると規定している。インドネシアの高等教育機関で

は，教員のポジションは助手（asisten ahli），助教授（lektor），准教授（lektor kepala），教授（professor）の 4 段階に分かれている。教授になるためには，著名な国際ジャーナルに論文を掲載することが求められる。著名な国際ジャーナルの基準は，エルゼビア社のスコーパス（Scopus）やトムソン・ロイター社（現在はクラリベイト・アナリティクス社が継承）の WoS に収録されていることと，インパクトファクターの高さである。

　このような政策の変化によって，インドネシアの高等教育における居心地のよさは完全に消えてしまった。教員は昇進のため，研究を行い，出版することを強要されるようになった。しかも，「大学教員専門手当および教授名誉手当の供与に関する研究・技術・高等教育大臣令 2017 年第 20 号」によって，それはいっそう厳しいものとなった。この大臣令によって准教授と教授に対してさらなる負担が加えられたのである。准教授は 3 年以内に認定されたジャーナルに論文 3 本か国際ジャーナルに論文 1 本を発表し，かつ図書の出版か特許の取得が求められた。教授に至っては，国際ジャーナル 3 本か，著名な国際ジャーナルに 1 本，論文を発表し，かつ図書の出版か特許の取得をしなければならないとされた。

　もし教員がこの大臣令に従わないならば，過酷な処罰を受けることになる。准教授は手当の支給を止められる。教授は将来の恩給が取り上げられる。

はたしてパフォーマンスはよくなったのか

　政策の立案者はプレッシャーを与えることによって，インドネシアの論文による研究成果の発表は増加したと主張している。研究・技術・高等教育省の 2019 年初頭の新聞発表によると，インドネシアのスコーパス収録ジャーナルの掲載論文数は 28039 本となり，29457 本のマレーシアにほとんど追いつき，アセアンで第 2 位となった。2015 年の掲載本数は，マレーシアの 27450 本に対し，インドネシアは 8201 本しかなかったのである。では，スコーパスにおける論文数の増加はインドネシアの研究が発展したことを示してい

るのだろうか。

　アリフ・アンショリ・ユスフ（Arief Anshory Yusuf）が 2018 年 8 月にスコーパスのデータを分析したところ，インドネシアの論文はその時点までに 16777 本に到達していた。そのうち会議論文が 10457 本と多くを占めていた。国際ジャーナルに掲載された論文は 6326 本しかなかった。一方，マレーシアの場合，16895 本の論文のうち会議論文は 3666 本，国際ジャーナルに掲載された論文は 13299 本だった[1]。このように，インドネシアの研究の成果は，国際会議の開催者という限られたマーケットに向けて発表されている。とりわけ論文がスコーパスや WoS に収録されることを保証してくれるような開催者がターゲットになっている。会議論文の刊行はジャーナル論文と比べて簡単で早い。

　研究成果を国際的に発表することは難しいので，教員は処罰を避け，昇進するための手段を編み出さなくてはならなくなった。ひとつの方法は共同で国際的に発表することであり，その形態のひとつは教員による KO2PI の結成である。このグループによって教員が共同で論文を作成することが促されている。最も顕著なケースは「SINTA, DOAJ，グーグル・スカラー，スコーパス，WoS といったデータベースに対する大学教員の理解——インドネシアの研究——」というタイトルの論文である。この論文はスコーパスに収録されている *Journal of Physics: Conference Series* に，2018 年に掲載された。

　この論文の著者は 600 人以上にのぼり，広範な領域に跨り，多くの大学に分散して所属している[2]。残念なことに研究・技術・高等教育省はこの行為を倫理に反するものとは考えなかった。KO2PI のリーダーは研究・技術・高等教育省が開いた 2018 年のシンタ賞の授賞式で，最も優れた共同研究の著者として表彰されたのである。

---

1)　ユスフは 2018 年に分析結果を SNS 上で公開している。
2)　この論文にはいくつかのバージョンがある。最新バージョンの著者は 12 人になっている。https://iopscience.iop.org/article/10.1088/1742-6596/954/1/012026/pdf（2019 年 5 月 24 日アクセス）

根本的な問題

　インドネシアの高等教育の根本的な問題は認識されず，未解決のままとなっている。そのひとつは大学の教員の採用の問題，とくに公立大学における教員採用の問題である。研究者の採用のプロセスは特別のものではなく，官僚の採用と変わりはない。応募者はナショナリズム，一般知識，性格に関する筆記試験から選ばれる。研究面から選考されるわけではない。

　結果として新しく採用された教員は学術界に貢献する準備ができていない。また，インドネシアの採用の制度では，外国生まれのインドネシア人や外国人が，インドネシアでパーマネントのポジションに就くことが難しい。外国の大学でどれほど地位が高くとも，インドネシアでは准教授から始めなければならないと定められている。インドネシアの教員の給与の低さとともに，このような規定によって，インドネシアの大学が優秀な人材を獲得することが困難になっている。

　もちろんそれだけではない。研究開発支出は少なく，2017 年は GDP のわずか 0.31% にすぎず，マレーシア（1.27%）やシンガポール（2.62%）を下回っている（"Forecast Gross Expenditures on R&D." In *2019 Global R&D Funding Forecast: A Supplement to R&D Magazine*）。そのうえ，教員が研究資金を得るためには，研究報告よりも難しい研究資金報告書を書くことが義務になっている。

求められる基本的な問題の解決

　インドネシアの高等教育における研究の質の改善に向けた努力は，量的な増加をめざすという政府の短期的な目標にすり替えられてしまった。実際のところ，インドネシアの高等教育において研究が抱える問題は長期的な視点から理解される必要がある。基本的な諸問題を解決することをとおして，はじめて解決されうるものである。それは貧弱な採用制度を変えること，強い

学術的な文化を構築すること，潤沢な研究資金を確保すること，優秀な人材を獲得できるように報酬制度を改善することである。

第 2 章

台湾

——批判を受けつつ定着が進む評価制度——

佐 藤 幸 人

台湾の大学キャンパス（筆者撮影）

はじめに

　本章では台湾の人文・社会科学において，大学・研究機関およびそこに所属する教員や研究員に対する評価が，どのような制度によって行われているのか，それがどのような過程を経て形成されてきたのかを検討する。なかでも注目したいのは評価制度における SSCI などのデータベースや，それを使って作成されるインパクトファクターといった数量的指標の取扱いである。台湾では評価制度においてこれらが過大に重視されていることが「SSCI シンドローム」（Chou 2014）と呼ばれ，それに対する批判が活発に行われ，議論の焦点となってきたからである。

　このような批判を大いに喚起することになった事件として，2003 年 10 月，教育部（教育を主管する行政部門）が研究成果に基づいて作成した大学ランキングの発表があった。このランキングでは，台湾のトップレベルの大学のひとつとして考えられていた国立政治大学の順位が 48 位とされ，広く衝撃を与えることになった。

　しかし，国立政治大学の低い順位の原因は，ランキングが SCI, EI, SSCI といったデータベースに収録された英語ジャーナルに掲載された論文数から作成されたことにあった。国立政治大学は人文・社会科学の学部が大部分を占め，自然科学の学部をほとんど持っていない。研究成果を主として英語ジャーナルに発表する自然科学とちがって，人文・社会科学では研究成果の多くを中国語で発表し，発表媒体としてはジャーナルとともに図書を重視している。そのため，国立政治大学は自然科学の比重が大きい大学よりも低くランクされることになったのである。

　当時，すでに評価制度をめぐる議論は始まっていたが，この事件を機に反発や批判が燃え広がることになった。本章が描こうとする，台湾の人文・社会科学における評価制度の歴史は，一面ではこのような評価される側の反発や批判と，評価する側のそれへの対応の過程である。他方，制度に対して批

判や不満があろうがなかろうが，評価される大学・研究機関は存続し，発展するため，教員・研究者は職を維持し，昇進し，研究費や奨励金を獲得するため，評価を受け，要求される水準を満たさなくてはならない。このように，評価制度の歴史は被評価者が制度に適応し，受容してきた過程でもある。

　本章では以下，第 1 節において台湾の人文・社会科学における評価制度の生成過程を検討する。はじめに制度が導入された背景を述べ，つづいて評価制度が複数の政策によって形づくられてきたことを示す。さらに政策の揺らぎや曖昧さ，大学側の誤解や疑心暗鬼から，各大学において SSCI 収録ジャーナルなどに掲載された論文本数などの数量的指標に偏った教員評価制度が構築されたことを明らかにする。第 2 節では，評価制度に対する批判を整理して提示する。第 3 節においては，まず批判に対応して政策レベルで行われた修正を示す。つぎに教員評価の事例をとりあげ，数量的指標がどのように使われているかを明らかにする。さらに研究成果のデータから評価制度の影響を検討する。最後に若干の考察と展望を行う。

第 1 節　台湾の人文・社会科学における評価制度の生成

1-1.　評価制度導入の背景

　台湾では 1990 年代以降，大学改革が継続的に取り組まれるようになった。大学改革の最も重要な要因は，1980 年代後半以降の民主化の進展である。また，他の東アジア諸国と同様，台湾においても少子高齢化が進行し，学生数の減少が大学改革を迫る要因となっている。さらに，グローバルな大学間競争の顕在化や，知識経済化のもとでの国家間競争における大学の役割の増大が大学改革を促していることは世界的にみられるが，台湾も変わりがない。

　大学に関する評価制度の導入は，大学改革の一部として位置づけられる。上述の大学改革の諸要因は，大なり小なり評価制度導入の背景にもなっている。このうち台湾に特有の要因は民主化の影響，とくに大学数の激増である。

権威主義体制期の台湾では大学数は少数に限られていた。図2-1に示すように、民主化が始まる1986年では、単科大学（「学院」と呼ばれる）と総合大学を合わせて28校しかなかった。民主化以降、大学進学に対する強いニーズに応えるため、大学の数は大幅に増加した。最大時（2007年と2009年）には149校に達し、1986年の5倍以上となった。2010年以降、大学数は微減に転じている。

　より詳細にみると、1996年以降、「専科」（日本の高専および短大にほぼ相当する）が大きく減少し、2003年以降は単科大学も急速に減少していった。一方、総合大学は新設とともに、専科や単科大学の転換によって持続的に増加した。2017年には129校に達し、大学の大部分を占めるようになった。このように、1990年代後半以降の大学数の増加は総合大学化を伴うものであった。

　大学数の激増は2つの面から評価制度の導入を迫ることになった。第1に、大幅に増えた大学のなかには、大学として備えるべき要件を欠いているところがある恐れがあった。大学に対する評価によって、そのような大学を発見

図2-1　「専科」、単科大学、総合大学の学校数の推移

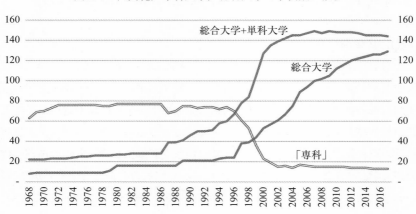

（出所）　教育部ウェブサイトより作成。https://depart.moe.edu.tw/ED4500/cp.aspx?n=1B58E0
　　　　B736635285&s=D04C74553DB60CAD（2018年12月17日アクセス）

66

し，改善を促すことが期待された。第 2 に，限られた研究資金を増加した大学間でどのように配分するかという課題が生じた。とくにこの時期，他国同様，台湾でも世界クラスの大学の育成が国家的な目標となり，一部の大学に集中的に資金を投入する政策が推進されたので，評価によって大学を序列化することが求められたのである。

　なお，ともに評価といっているものの，大学の必要な水準を確保しようとすることと，大学間の優劣を測り，選別しようとすることには根本的なちがいがあることには注意する必要がある。しかしながら，後述するように，台湾では目的の異なる 2 種類の評価が混同され，議論の過熱を招く一因となったのである。

1-2.　大学の評価にかかわる諸政策

　大学を評価する制度は大学改革の一環として導入された。しかしながら，前述のように，評価制度は単一の政策に基づいていたわけではなく，目的の異なる複数の政策から構成されていた。

（1）品質の保証を目的とした大学と学部・学科に対する認証制度

　教育部による大学の評価は 1970 年代まで遡るが，継続的に実施されることはなかった[1]。現行の大学に対する評価制度は，1994 年に改正された大学法にその導入が書き込まれ，97 年に最初の大規模な評価が実施されたことから始まる。2005 年には大学法が改正され，その第 5 条で評価の実施がより明確に定められ，2007 年には評価のガイドラインが発表された。2005 年には大学を評価し，認証する機関として，教育部と 153 の学校が出資して財団法人高等教育評鑑中心基金会（以下，評鑑中心）が設立された。また，評鑑中心以外にも民間団体の社団法人台湾評鑑協会，中華工程教育学会，社団法人中華民国管理科学学会が大学に対する認証の実施機関として認定されている。

---

1)　1990 年代半ば以前の経緯については，周平（2011）が詳しい。

大学に対する評価は大学全体の評価（「校務評鑑」）と，各学部・学科に対してより立ち入って行う評価（「系所評鑑」）からなる。大学全体の評価では大学のガバナンスや経営，リソースとパフォーマンス，自律的な改善と持続的発展の可能性などが評価の対象となる。学部・学科の評価では教員と教育，学生と学習，研究および社会サービスなどが評価される。

　2005 年以降，評鑑中心は学部・学科の評価を 2 回（2006 年から 10 年，2012 年から 16 年），大学全体の評価を 2 回（2011 年，2017 年から 18 年），実施している。第 1 回の学部・学科評価では，評価された 2926 の学部・学科のうち 86.9% が合格，11.6% が条件付き合格，1.5% が不合格だった。第 2 回では 1775 の学部・学科のうち 91.0% が合格，8.6% が条件付き合格，0.6% が不合格だった。第 1 回の大学全体の評価では，70 の大学のうち 47 校が 5 つの評価項目のすべてに合格した。

　評鑑中心の評価の目的は，大学の品質を保証する認証を与えることである。各大学が要件を備えているかどうかを点検し，合格すれば認証する。もし評価の結果，不備が見つかれば，大学に改善を求める。大学間の優劣を測るものではないし，評価結果は政府によるリソースの配分とは必ずしも結びつけられてはいない。以前は評価結果によって学生の定員数が減らされる場合があったが，現在ではそのような懲罰的な利用は廃止されている。奨励や補助の選考において参考にされることはある。

　また，大学全体の評価にしろ，学部・学科の評価にしろ，研究は評価項目の一部にすぎない。しかも，研究の評価において SSCI といったデータベースの収録ジャーナルに掲載された論文の本数や，掲載ジャーナルのインパクトファクターの大小を殊更に強調するようなことはしていない。

（2）世界水準の大学をめざす政策

　1990 年代，グローバリゼーションが進むなか，国家間の競争が激しくなり，とくに科学技術が競争力を規定する重要な要素とみなされ，その結果，大学が科学技術の発展の担い手として注目されるようになった。いい換えれば，政府および社会から広く，大学の研究面に大きな関心が向けられることに

なったのである。2000 年代前半には世界大学ランキングが作成され，大学間の国際的な競争に拍車がかかった。世界大学ランキングにおいても研究が重要な指標となったので，大学の研究面を重視する傾向がいっそう強まることになった。

　台湾もこのような競争に積極的に参与していった。教育部と国家科学委員会（科学技術政策を管轄する政府部門。現在の科技部）は 2000 年から，「学術的に卓越した大学を奨励するプログラム（大學學術追求卓越發展計畫 /Program for Promoting Academic Excellence of Universities)」を実施し，2005 年には「一流大学とトップレベルの研究センターを育成する計画（發展國際一流大學及頂尖研究中心計畫 /Plan to Develop First-class Universities and Top-level Research Centers)」へと発展させた。2011 年以降は「トップレベルの大学をめざす計画（邁向頂尖大學計畫 /Stepping towards Premier University Plan)」）と名前を改め，継続された。

　いずれも少数の大学の一部の学部・学科に集中的に資金を投入することによって，世界水準の研究を達成することを目的としていた。とくに「一流大学とトップレベルの研究センターを育成する計画」は単なる教育政策や科学技術政策ではなく，「新十大建設」[2] と名づけられた陳水扁政権の総合的な経済発展政策の柱のひとつに組み込まれた。この計画は，5 年のうちに少なくとも 10 の学部・学科あるいは複数の大学から構成される研究センターをアジアで一流とし，10 年のうちに少なくともひとつの大学を国際的に一流の大学とすることを目標としていた。そのため，選ばれた大学や研究センターに 5 年間に 500 億元の資金を投入することを計画していたことから，「5 年500 億」とも呼ばれている（本章でも以下では「5 年 500 億元計画」と呼ぶ）。1元は約 3.5 円なので，5 年間に約 1800 億円を投じようという計画である。

　計画の第 1 期（2006 ～ 2007 年）には 29 の大学が申請し，12 の大学が補助

2）「十大建設」は 1970 年代に蒋経国政権が進めた経済発展政策。インフラストラクチャー建設と重化学工業化からなり，台湾の経済発展において重要な役割を果たした。

の対象に選ばれた。また，それ以外に5つの研究センターにも補助が供与された。第2期（2008～2010年）には32の大学が申請し，11の大学と4つの研究センターが補助の対象となった。毎年，約100億元の資金のうち30億元が国立台湾大学に配分され，他の上位3校（国立成功大学，国立清華大学，国立交通大学）への配分額を合わせると65億元から68億元となり，およそ3分の2を占めた（陳振遠ほか2011）。

　大学の選定は研究実績に基づいていた。研究実績の評価にはSCIやSSCIといったデータベースの収録ジャーナルに掲載された論文の数や，引用データを使ったインパクトファクターが重要な役割を果たした。このように，5年500億元計画は2003年10月に教育部が公表し，強い反発を引き起こした大学ランキングと，明らかに歩調を一にするものだった。

（3）奨励制度と研究費の配分

　科技部の奨励制度（「傑出研究奨」）は優れた成果をあげた教員や研究員を報奨するもので，その選定にあたっては研究成果の評価が行われる。1990年代後半，科技部の前身である国家科学委員会の劉兆玄主任委員によって導入された。

　自らの研究成果が報奨に値すると考える教員や研究員は，最近5年間の代表的な研究成果を5点以内付して申請する。3段階の審査が行われ，審査をとおれば賞状と報奨金が授与される。審査の具体的な基準は明らかにされていないが，SSCIなどのデータベースの収録ジャーナルに掲載された論文は高く評価されるとみられている。2018年の場合，報奨金は90万元である。2017年の人文・社会科学の申請者は129人，そのうち12人が受賞している。

　科技部は大学の教員や研究員に対する研究費の配分も行っている。これは日本の文部科学省科学研究費助成事業，いわゆる科研費に相当する。審査は書類審査と委員会による審査の2段階である。人文・社会科学の審査の内訳は，通常，計画の内容が60%，申請者のこれまでの研究成果が40%となっている。日本の科研費と比べて，申請者の研究実績が重視されているといえよう。2018年には人文・社会科学全体で8071件の申請があり，3613件が採

択された。採択率は 45% である。

　科技部の研究費の配分も教員や研究員の評価にかかわっている。上述のように，その審査では申請者の研究実績が評価される。一部の大学ではそればかりでなく，科技部の研究費を獲得したことが，教員の評価の材料とされる場合がある。つまり，科技部の研究費の審査が，間接的に大学における教員の評価に影響を与えている。

　とくに 2012 年まで，第 1 次審査では，SCI や SSCI の収録ジャーナルに掲載された論文をインパクトファクターでウェイトづけした「研究パフォーマンス指標（研究表現指標）」が用いられていた。第 2 次審査においても，この指標のみをみて判断する委員がいたという（2012 年 6 月 26 日付の『中時電子報』および『聯合報』）。科技部の研究費も，SSCI シンドロームの蔓延に一役買っていたのである。2013 年以降はこの指標は使われていない。

（4）ジャーナルの等級評価と引用索引データベースの作成

　評価制度の導入と並行して進められ，かつ評価制度に少なからず影響を与えた政策として，科技部によるジャーナルの等級評価と引用索引データベースの作成がある。とくに問題となったのが社会科学の評価における TSSCI の偏重である。

　研究成果のうち論文の質を測ろうとする場合，それが掲載されたジャーナルの水準が用いられることがしばしばある。序章で述べたように，それ自体，重大な問題を含んでいる。とはいえ，現実にそのような評価が行われている以上，ジャーナルの水準を適切に測ることが必要となる。

　台湾では 1998 年から台湾で発行される各分野のジャーナルの等級を評価し，定める作業が始められた。等級は外形的な審査，アンケート調査，各分野の専門家による審議によって決定された。評価は数年ごとに行われ，等級の見直しがなされている。

　しかしながら，社会科学の諸分野においては，科技部のジャーナルの等級は論文の評価には用いられなかった。同時に並行して作成された TSSCI に収録されているか否かが，学術ジャーナルの水準を測る指標として普及して

しまったのである（佐藤 2012）。

TSSCI は本来，その名のとおり，台湾で発行される社会科学のジャーナルの引用索引データベースであり，1998 年から公開されている。TSSCI が本来の目的とは異なる論文の評価に用いられることになったのは SSCI の影響である。英語論文の評価では，SSCI などのデータベースに収録されているか否かが基準とされる場合が多かった。それがそのまま中国語論文にも適用されることになったのである[3]。なお，人文科学については THCI がつくられたが，TSSCI とは作成方法が異なるとともに，評価制度において TSSCIのように用いられることはなかった。

ジャーナルの等級評価ではなく，TSSCI が評価に用いられたことは負の作用をともなっていた。等級評価が比較的多くのジャーナルをカバーしていたのに対し，TSSCI に収録されたジャーナルは当初，ごく少数に絞り込まれていた。その結果，少数の収録ジャーナルとそれ以外という二極化した序列が生まれ，前者に掲載された論文のみが高く評価されることになったのである。

1-3. 大学の疑心暗鬼が生んだ数量的指標重視の教員評価制度
（1）教員評価における SSCI シンドローム

2005 年に大学法が改正されて，大学および学部・学科に対する評価が始まると，各大学はその教員に対する評価制度を導入していった。次節で詳述するように，それは研究を偏重し，教育を軽視している，研究においても論文を偏重し，図書など他の発表形態を軽視しているなどの強い反発を招くことになった。なかでも人文・社会科学においては，冒頭で述べたように「SSCIシンドローム」と呼ばれるほど，WoS に収録された英語ジャーナルに，何本の論文が掲載されたかといった数量的指標が，過度に重視されているという批判が提起された。

---

3) 黄厚銘（2011, 268-269）は，TSSCI 作成の意図およびそれが評価に用いられることになった背景として，中国の引用索引データへの対抗，人事におけるしがらみ，もたれあい，足の引っぱりあいの排除，学術ジャーナルの淘汰と統合を指摘している。

　教員の評価には，数年ごとに行われる雇用契約更新における評価，採用や昇進の際の評価，奨励金の評価がある。それぞれにおいて SSCI などのデータベース収録ジャーナルの論文掲載数やインパクトファクターの偏重がどのようにみられるのか，つぎのような 2010 年頃の国立政治大学のケースが報告されている（周祝瑛・呉榕峯・胡祝惠 2011）。

　国立政治大学の昇進規程では，SCI，SSCI，TSSCI 収録ジャーナルおよび一流ジャーナル掲載のレビュー論文は 10 点，SCI, SSCI, EI, TSSCI 収録ジャーナル掲載論文および委員会が認めた学術論文は 6 点，その他は 1 〜 6 点として計算される。また，同大学商学部の評価規程では，インパクトファクター 0.5 以上の SCI，SSCI 収録ジャーナル掲載論文は 35 点，その他の SCI，SSCI 収録ジャーナル掲載論文および TSSCI 収録ジャーナル掲載論文は 25 点として計算される。奨励規程では奨励金として，SCI，SSCI におけるインパクトファクター上位 15% のジャーナルに掲載された論文には 30 万元，15% 以下のジャーナルに掲載された論文には 6 〜 12 万元，TSSCI 収録ジャーナルに掲載された論文には 4 万元，その他のジャーナルに掲載された論文には 2 万元が与えられる。

　これらからわかることは，第 1 に SSCI や TSSCI の収録ジャーナルに掲載された論文とそれ以外のジャーナルに掲載された論文では，明確に前者が重視されていることである。第 2 に，SSCI などに収録された英語ジャーナルと TSSCI に収録された中国語ジャーナルでは，前者が重視される傾向が強い。第 3 に，SSCI 収録ジャーナルをインパクトファクターによってさらに序列化する場合がある。

（2）SSCI シンドロームはなぜ生まれたのか

　このような教員評価における SSCI，TSSCI といったデータベース収録ジャーナルの論文掲載数や，インパクトファクターといった数量的指標の偏重はどのようにして生まれたのだろうか。まず，多くの大学が大学に対する評価の結果が大学の経営に重大な影響を及ぼし，かつ評価では数量的指標が重視されると受け取ったことである。すでに述べたように，大学に対する評

73

価の本来の目的はその品質を認証することであり，各大学が品質の維持と向上のために自主的に取り組むことを促すことである。また，数量的指標を強調することもしていない。しかし，大学側はそのようには理解しなかった。

　たとえば，劉秀曦が2012年に行ったフォーカスグループによるディスカッションでは，ある大学の幹部は「評価の目的のひとつは大学の廃校を加速することである」と述べ，また，ある国公立大学の教授は「現在，評価の結果と学校の存亡は結びつけられている。それゆえ，学校は求められる評価指標の水準を達成しなくてはならない」と述べている。数量的指標については，別の国公立大学の教授が「高等教育においてSSCIやSCIの収録ジャーナルをこれ以上，目標とすべきではない」と批判している（劉秀曦 2013）。この批判は，数量的指標が評価の重要な基準となっていると認識されていたことを示している。

　このような大学側の理解は教育部や評鑑中心にとっては心外であったかもしれないが，必ずしも一方的な誤解とは言い切れないところがあった。第1に，2005年に改正された大学法の第5条では，「教育部は……公表された評価の結果を政府の教育経費の補助や学校の規模の調整の参考とすべし」と定められていた。実際，前述のように，当初は評価の結果次第では各学部・学科の学生の定員数が削減されることがあった。さらに上述の大学側の発言にあるように，評価結果の影響が大学や学部・学科の統廃合にまで及ぶと，この条文を解釈することも的外れとはいえないだろう。

　第2に，蘇碩斌によると教育部の態度は当初，必ずしも明確ではなく，実際に評価結果を学部・学科の縮小・廃止や経費の配分に用いようとしているようにみえる曖昧さがあった。各大学は教育部の曖昧な態度をみて，低く評価され，その存続が脅かされることを恐れるようになった。また，低い評価は学校の名声を棄損するとも考えられた。それは面子にかかわるとともに，学生の応募への影響という現実的な問題にも結びついていた。こうして各大学は評価に対して，極めて防衛的な対応をするようになった。どの大学も評鑑中心が作成した評価項目のプロトタイプを用いて，また相互に模倣しなが

ら，似通った報告書を作成したのである。

　このような防衛的な対応は大学内部の教員評価にも反映されていった。その際，評価の客観性が重視され，客観的な評価が難しいという技術的な理由から教育が軽視され，数量的な指標によって評価できる研究に重きがおかれるようになった。そして数量的指標はジャーナル論文の本数，なかでもSSCI等の収録ジャーナルに掲載された論文の数に収斂していったのである（蘇碩斌 2012）。

　しかも，教育部による大学ランキングの発表や，5 年 500 億元計画などの世界クラスの大学をつくろうとする政策が同時期に進められていた。これも教員評価において数量的指標を重視する傾向を助長した。前述のように，2003 年 10 月の大学ランキングや 5 年 500 億元計画の補助対象の選定は，SSCI を含む WoS などのデータベースに収録されている英語ジャーナルに掲載された論文の数やインパクトファクターに基づいていた。このような政策はそれ自体が教員評価における数量的指標の重視を促すものだった。実際，2005 年に国立台湾大学の校長に就任した李嗣涔は，5 年以内に世界大学ランキングの 100 位以内に入ることを目標に掲げ，教員評価制度の実施をその手段のひとつとしている（周平 2011, 97）。

　このような大学の序列化を進める政策が同時並行的に進められたことによって，大学に対する評価の本来の主旨は品質の認証であるという理解が妨げられることになった。ふたつの異なる目的は往々にして混同されるようになったのである。

　ジャーナルの等級評価や TSSCI などの構築は，数量的指標重視の評価制度を補完することになった。これによって，中国語のジャーナルに掲載された論文も評価の対象に組み込むことができるようになったからである。それは一面では英語ジャーナルの偏重を是正する効果があったものの，他面では論文偏重を強化する役割を果たした。とくに TSSCI は前述のように収録するジャーナルを絞り込んだため，少数の収録ジャーナルを過度に重視する傾向を生むことになったのである。

第2節　沸き起こる批判

　評価制度は大学や研究機関，その教員や研究員の活動に多大な影響を与えうるものであり，それには必ずしも好ましくないものも少なからず含まれている。それゆえ，評価制度はこれまで激しい反発と批判に晒されてきた。以下では，評価制度に対する批判がどのように展開されてきたのかを時系列的に追ってみたい。

2-1．初期の反発や批判

　国家科学委員会が1990年代に始めた奨励制度では，報奨金というインセンティブによって，評価の結果が教員や研究員に影響を及ぼすことになった。影響のなかには，評価が発表された論文数という量的な側面に偏りがちになるため，質よりも量を追う傾向を助長するという，好ましくない副作用も含まれていた。そのような傾向は研究成果を細切れにして発表することで論文数を稼いだり，同時に複数のジャーナルに投稿したりすることを促し，さらには剽窃といった研究倫理に抵触する問題と関連しているとまで指摘されている（曾孝明2000）。

　2000年代に入ると，中央研究院においていち早く研究員に対する厳格な評価制度が導入された。中央研究院は国立の研究機関で，台湾の学術研究の最高位にある。独自の法に基づき，行政院（内閣に相当）からは独立している。教育も行うが主たる役割は研究である。そのため，大学に先駆けて研究成果に基づく研究員の評価を実施することが可能だったのである。

　中央研究院は人文・社会科学から自然科学まで，多くの分野の研究部門を抱えている。評価制度の導入は自然科学や経済学などの一部の社会科学が主導したとみられる。研究者は研究員，副研究員，助研究員という3段階に編成され，助研究員は8年以内に評価を受けて副研究員に昇進できない場合，中央研究院を去らなくてはならないという規定が導入された。副研究員も昇

進後5年のうちに研究員に昇進できない場合，以後，昇進するまで3年ごと
に雇用契約更新のための評価を受けることになった。評価の基準は明確では
なかったが，論文偏重，英語偏重，SSCI等のデータベース収録ジャーナル
偏重の傾向を持っているとみられていた。

　このような評価制度に対しては，人文・社会科学を中心に中央研究院内で
広く反発と批判の声が上がることになった。2002年には研究者の声を上層部
に伝えるため，多数の研究分野を跨いで中央研究院研究人員連合会が結成さ
れている（佐藤2002）。

2-2.「台湾の高等教育における学術評価の再考」シンポジウム

　前述のように，2003年10月に教育部が発表した大学ランキングは台湾の
学術界，とくに人文・社会科学に大きなインパクトを与えた。なかでも48
位にランクされた国立政治大学は学生を含む全学が，人文・社会科学と自然
科学のちがいを無視したランキングは誤解を与えると，教育部に対して猛烈
に抗議を行った[4]。

　評価制度をめぐる議論はこの事件を機に活発化した。2004年9月には，「台
湾の高等教育における学術評価の再考（反思台灣的高教學術評鑑)」というタ
イトルを掲げたシンポジウムが開かれ，さまざまな分野の多数の学者が集い，
評価制度について議論を行っている。シンポジウムで発表された論考は，『グ
ローバリゼーションと知識生産──台湾における学術評価に対する省察
──』（反思會議工作小組編2005）に収められている。

　『グローバリゼーションと知識生産』ではシンポジウムでの議論をふまえ
て，「コンセンサスと主張──学術界は今後TSSCIやSSCIを評価の基準と
して使うべきではない──（共識與主張─學界不應再使用T/SSCI作為評鑑依據
一)」という提言を行っている。提言はつぎの10項目からなっている。

---

4)　なお，人文・社会科学に限れば，国立政治大学の順位は5位になる。最初に報道した
　10月20日付の『中國時報』が総合順位のみを示し，国立政治大学の低いランクを強調
　したことが，騒動を拡大した面がある。

①評価はまず目的を確定し，そのうえで行うべきである

②ピアレビューに回帰すべきである。数量的な指標には学術的な意義はない。TSSCI，SSCI および A&HCI などのデータベースをもとにした指標は，昇進や奨励の根拠とすることはできない。

③TSSCI はデータベースという本分に戻るべきである。ジャーナルの評価という機能を持つべきではない。

④ジャーナル論文のみを重視すべきではない。多様な研究成果を同等に扱うべきである。

⑤各種の言語は対等である。英語のみを重視すべきではない。他の言語の著作もまた尊重されるべきである。

⑥中国語（華語）による執筆を優先すべきである。

⑦研究テーマを土着化することによって，はじめて学術的な国際化がなしうる。

⑧合理的な環境を構築し，学術の商品化を避けなければならない。

⑨学生の教育を受ける権利を，研究のために犠牲にしてはならない。

⑩インターネットを活用し，公共の知識のベースを創ろう。

　評価制度に関するおもな論点は，この提言にほぼ網羅されている。①は品質保証と優劣の選別という，異なる目的が混同されていることを指摘している。⑧は評価制度が金銭的なインセンティブと結びつくことで，研究が過度に商品化されることを批判している。⑨は評価のなかで研究が重視されるあまり，教育が軽視されていることへの批判である[5]。

　研究の評価については，④は図書など論文以外の発表形態が軽視されてい

---

5)　なお，研究偏重，教育軽視の傾向は，陳碧祥（2001）で指摘されているように，2000年代半ばの評価制度の整備以前からあったことには注意する必要がある。皮肉にも，陳は 2000 年代初頭において，評価や昇進に関する適当な制度を設けることによって，そのような傾向を是正することを期待していた。

ることを批判している。また，論文の評価についても，②がSSCIなどを研究の質の評価に用いることの限界を指摘し，質的な評価はピアレビューに重点をおくべきであると主張している。③は②と関連して，TSSCIは本来，データベースであるにもかかわらず，それに収録されているか否かが評価の基準となっていることが不適切であると指摘している。

⑤⑥⑦は英語偏重に対する批判である。⑦は英語ジャーナルへの掲載を過度に重視すると，台湾にとって喫緊の研究課題が軽視されることになると指摘している。興味深いのは⑥である。これは中国語が英語以外の他の言語よりも国際性を持っていることを前提に，中国語での発表に力を入れようという主張である。英語のヘゲモニーを批判し，言語間の平等を唱える⑤とは矛盾するところがある。

⑩は積極的な提案である。評価制度が商業的に発行されている英語ジャーナルに依存している現在の状況を打破するため，インターネットによってそれに対抗する公共的な交流の場をつくろうと呼びかけている。

2-3. 反SSCIおよびSCI偏重署名運動

2005年に大学法が改正されて大学に対する認証が始まり，並行して5年500億元計画もスタートした。各大学においても教員の評価が導入されていった。前述のように，すでに評価におけるSSCIなどの偏重に対する批判は行われていたものの，それは各種の評価制度の設計に十分に反映されることはなかった。2010年には国立政治大学において，郭立民が優秀な教員として表彰されたにもかかわらず，研究成果の不足を理由に雇用を継続しないことをいい渡され，評価制度の研究偏重，教育軽視という性格が浮き彫りになった（Wu and Bristow 2014）。

2010年11月，評価制度に対する反発や不満は，政大教師会，教改総体検論壇（教育改革総点検フォーラム），台湾競争力論壇（台湾競争力フォーラム）による「SSCIやSCIといった指標のみを重視することに反対し，大学の真理探究の精神を取り戻す（反對獨尊 SSCI SCI 等指標 找回大學求是精神）」署名

79

運動となって噴出することになった。署名運動の声明[6]では，大学に対する認証や 5 年 500 億元計画において SSCI などが過度に重視され，その弊害として学校の特色や文系と理系の違いの軽視，教育の軽視，人文・社会科学における英語の偏重，図書の軽視，社会的な課題からの逸脱などを指摘している。そのうえでつぎのような 5 つの要望を提出している。

① SSCI 偏重に反対する。
②学術の多様性を尊重すべきである。
③学校を分類するメカニズムを構築すべきである。
④大学の真理探究の精神を取り戻すべきである。
⑤人文・社会科学の評価基準を正面から検討すべきである。

①と②，④は表裏一体である。SSCI などの収録ジャーナルに掲載された論文本数や，インパクトファクターといった数量的指標の偏重の結果，発表形態や研究テーマの多様性，社会的課題の探求を含めた求是の精神が損なわれていると指摘している。③は②と関連して，学校や学部・学科を分類し，それぞれにあった多元的な評価基準を用いることが必要であると訴えている。⑤はより多元的な人文・社会科学の評価を行うための指標として，8 つのグループからなる 34 の項目を提示している。

　活動を始めてから 1 カ月後には署名は 1450 人に達したほか，中央研究院の翁啓恵院長，国立政治大学の呉思華学長，東呉大学の劉源俊前学長からも支持を獲得した。また，教育部の部長と次長も賛意を示した。

　2012 年の総統選挙に際して，評価制度の問題は「五化」問題として再提起された。「五化」とは行政管理の指標化，世界ランキング化，評価指標の植民地化，本土人材の焦土化，大学生の中学生化である（黄光國 2011）。要

---

6)　http://chiuphysics.cgu.edu.tw/yun-ju/CGUWeb/NCCUEdu2010/HomeAgainstSSCI.htm#20120626a 2019 年 2 月 11 日アクセス。

約するならば，教育部が世界大学ランキングや SSCI などの収録ジャーナルの掲載本数といった，海外でつくられた数量的指標によって大学を管理するようになったことで，研究が台湾社会から遊離するとともに，大学の教育水準の低下をもたらしているという批判である。

2-4.　労働運動による評価制度批判

2012 年 2 月，評価制度に対する新たな組織化された批判的な勢力として，教員を含む高等教育機関で働くものの労働組合，台湾高等教育産業工会が結成された。そのおよそ 1300 字の設立宣言[7]では 4 カ所で評価制度に言及し，たとえば「独りよがりで硬直した知識の生産方法と不合理な大学に対する評価制度が学術の自由を奪い，社会の発展の道から遠のかせている。研究の偏重と教育の軽視というアンバランスは，多くの学生の教育を受ける権利を犠牲にしている」と指摘している。また，4 つの目標のひとつとして，「歪曲された高等教育の評価制度を匡正し，その質を高める」ことを掲げている。このように，評価制度に対する批判が労働組合を結成する重要な背景となっている。

労働組合の活動のなかで評価制度に対して直接の影響を与えたのは，助教授が所定の年数のうちに評価に合格できず，准教授に昇進できない場合，大学がその雇用を継続しないという制度が違法であることを広く喧伝し，実際に解雇された教員の裁判をサポートしたことである。前述のように，中央研究院では 2000 年代初頭，助研究員は 8 年以内に評価に合格して副研究員に昇進しなくてはならず，さもなければ雇用が継続されないという制度を導入していた。2005 年以降，多くの大学もこの制度を採り入れ，一定の期間内に助教授から准教授に昇進しない場合，雇用を打ち切るようになっていた。しかし，2014 年，最高行政法院（行政訴訟を扱う裁判所）では，期限内に昇

---

7)　https://www.theunion.org.tw/aboutus/%E6%88%90%E7%AB%8B%E5%AE%A3%E8%A8%80/（2019 年 2 月 11 日アクセス）

進しないことは解雇の事由にはならないという判決を下していた。他の裁判でも同様の判決が行われている。

　労働組合はこのような判決に基づき，制度の廃止を各大学に求めている。しかし，それに応じた大学は少なく，他の大学は理由を増強することで，依然として解雇を正当化し，強行している。また，自主的な離職を迫ったり，はじめから任期付きで採用したりすることで，問題の表面化を回避している。

第3節　変わる政策と変わらない制度

　本節ではまず，評価制度にかかわる政策の変化を示す。変化の一部は明らかに前節で述べた批判に対応するものであった。つぎに教員評価制度の事例を提示し，政策は変化したものの，教員の評価では数量的指標が引続き重視されていることを明らかにする。

3-1.　政策の方向転換

　評価制度への批判に対して，教育部も世界大学ランキングのみを卓越した大学の目標としたり，SSCIなどのデータベースを評価の唯一の基準としたりすることによって，台湾に根差した研究の軽視や，人文・社会科学に対する差別を生むべきではないという態度を明らかにするようになった（何卓飛2012）。こうして教育部，科技部および評鑑中心は批判に応じる方向で評価制度に修正を加えていった。

　まず，大学法が2012年に改正され，「教育部は……公表された評価の結果を政府の教育経費の補助や学校の規模の調整の参考とすべし」という条文は削除された。これによって評価結果を経費の配分等に用いる法的な根拠は失われることになった。

　大学の認証評価については，煩雑で大学側の負担が重いという批判もあり，簡素化が進められ，学科・学部に対する評価は実施しなくてもよいことになっ

た。また，大学の自主性がいっそう重んじられるようになった。このような
変化に対応して評鑑中心の役割も変更され，当初の指導と監督から支援と補
助にシフトした。評鑑中心と大学の関係は，以前は相当緊張していたが，役
割の変更後は友好的なものに変わった。さらに，教育部は2014年，各大学
に公文を発し，教員評価で数量的指標を過度に重視することによってネガ
ティブな影響を生むべきではないと注意喚起している。

　また，研究偏重，教育軽視という批判に対して，教育部は何もしなかった
わけではない。2004年には5年500億元計画と並行して，「卓越した大学教
育を奨励する計画（奨勵大學教學卓越計畫/Program for Promoting Teaching
Excellence Universities）」を公布し，研究と教育のバランスを図っている[8]。

　2018年になると，蔡英文政権は5年500億元計画を引き継いだ「トップ
レベルの大学をめざす計画」，上述の「卓越した大学教育を奨励する計画」，
および「科学技術大学のモデル校を発展させる計画（發展典範科技大學計畫）」
の後継政策を，「高等教育の深耕を進める計画（高等教育深耕計畫/Higher
Education Sprout Project）」に統合した。この計画では，5年500億元計画など
のように研究費を少数の大学に集中的に投入することはせず，広く各大学に
配分し，それぞれの特色を伸ばすことを促そうとしている。

　さらに同年，教育部はこれと連動して「教育実践の研究を促す計画（教學
實踐研究計畫/Teaching Practice Research Program）」に着手し，高等教育におけ
る創意工夫も研究と同等に評価し，補助を提供するようになった。また，社
会サービスに対しても，2017年から「大学の社会的責任の実践を促す計画（大
學社會責任實踐計畫/University Social Responsibility Project）」による奨励を始め
ている。

　科技部に関しては，研究費の審査において数量的指標が廃止されたことは
すでに述べたとおりである。また，奨励制度でも，研究成果を図書として発

---

8)　なお，「卓越した大学教育を奨励する計画」も，教育と研究のちがいはあるものの，5
　年500億元計画と同様，大学を選別する政策である（楊瑩 2008）。

表しても奨励されるようになった。2012年からは人文・社会科学の図書の出版や，図書の出版の審査に対する助成もスタートした。

TSSCIは2013年，THCIと統合し，TCI-HSSに生まれ変わった。TCI-HSSには幅広く人文・社会科学の引用データが収められ，引用索引データベースとしての役割に特化し，もはや評価とは無関係である（佐藤2017）。とくにWoSとちがって，図書の引用データも含まれていることが注目される。ただし，TSSCIが完全に廃止されたわけではなく，少なからぬ大学で引続きその収録ジャーナルを評価の基準としている。

このような政策の軌道修正の要因には，これまで述べてきたような政府に対する抗議活動のほかに，政府の内部に修正を進めるメカニズムが埋め込まれていたことがある。台湾では大学の教員や研究機関の研究員が政府機関に出向したり，各種委員会の委員に就任したりすることをとおして，政策に直接，関与することが可能である。そのなかには既存の評価制度に批判的な教員や研究員もいる。たとえば中央研究院社会学研究所から国家科学委員会に出向して，人文及社会科学研究発展処長となった傅仰止は，TSSCIが評価に用いられることを問題視し，TCI-HSSへの転換に尽力した。

3-2. 変わらない教員評価制度

このように政府の軌道修正は明らかである。しかしながら，各大学で行われている教員評価制度には抜本的な変化は生じていない。引き続き数量的指標が用いられている。以下では，国立台湾大学と私立の東呉大学がウェブサイト上で公開している教員評価のガイドライン等をとりあげ，とくに助教授から准教授への昇進を中心に教員評価制度を検討してみたい。前述のように，大学によっては昇進できない場合，解雇される可能性があるため，昇進の可否に関する評価は，教員にとって最大のプレッシャーになっている。

（1）国立台湾大学——研究を重視する最高学府——

国立台湾大学は自他ともに認める台湾の頂点に位置する大学である。自らを研究型の大学と位置づけている。

　全学の教員評価に関する基本的なルールとして，評価準則（「國立台灣大學教師評鑑準則」）が定められている。注目されるのは，評価結果によって雇用契約を更新しない規定が含まれていることである。とくに 2016 年 8 月以降に採用された助教授については，採用から 5 年目に昇進を申請すべきこと，昇進が認められなかった場合，7 年目に再申請を行うべきこと，再び昇進が認められなかった場合，あるいは再申請を行わなかった場合には雇用契約を更新しないと定められている。前述のように，このような規定を使った解雇は違法であるという判決が出されているが，国立台湾大学の評価準則には依然として残されている。

　教員評価の詳細については，学部および学科によってガイドラインが定められている。社会科学のケースとして社会科学部，人文科学のケースとして文学部をとりあげてみたい。

　まず，社会科学部のケースをみてみよう。昇進のための評価は学科レベルで始まる。評価は研究，教育，社会サービス 3 つの項目に対して行われる。申請者はそれぞれについて書類や資料を提出する。書類や資料が条件を満たしていることが確認されると，研究成果が外部の 8 人の評価者に送られ，ピアレビューが行われる。その結果をふまえて学科としての判断が行われ，合格すれば学部レベルの審査，さらに大学レベルの審査に送られる。

　教育，研究，社会サービスという 3 つの項目の配分は 3 対 6 対 1 と学部内で共通している。教育の評価項目は講義の時間や内容，指導した修士および博士論文などである。これも学部内では大きなちがいはない。

　学科間で異なっているのは研究成果の要件である。経済学科の場合，4 つの研究成果を提出することになっているが，その点数が表 2-1 の基準に従って 3 点以上となっている必要がある。政治学科では代表作と補足の研究成果を提出することになっている。代表作が図書の場合，ジャーナル論文 2 本を添える。代表作がジャーナル論文の場合，それ以外にジャーナル論文あるいはチャプター論文を合わせて 5 点添える。研究成果はいずれも査読を経ていなければならない。社会学科は代表作を含む 4 つの研究成果を提出する。代

表2-1 国立台湾大学経済学科のジャーナル論文の点数

Nature, Science および科技部の国際ジャーナル等級審査で A+ 級以上のジャーナルに掲載された論文	3 点
科技部の国際ジャーナル等級審査で B 級以上のジャーナルに掲載された論文	2 点
『經濟論文叢刊』，『經濟論文』，科技部国際ジャーナル審査 C 級あるいは匿名の査読がおこなわれている優良な外国ジャーナルに掲載された論文	1 点

（出所） 「國立臺灣大學社會科學院經濟學系升等評審作業要點」より作成。http://www.
econ.ntu.edu.tw/uploads/archive_file_multiple/file/561e6c5638178431d000029a/tea3.pdf
（2019 年 2 月 16 日アクセス）

表作は SCI，SSCI，AHCI，TSSCI，THCI 等のデータベースの収録ジャーナルに掲載された論文，社会学科が定める優良ジャーナルに掲載された論文，厳格な査読を経て公刊された論文，あるいは編集委員会の査読を経て出版された図書となっている。

　文学部も制度の大枠は社会科学部と大差ない。ちがっているのは昇進の評価では教育，研究，サービスの配分が 2 対 7 対 1 と，研究がより重視されていることである（なお，通常の評価では 3 対 6 対 1）。

　文学部では提出すべき研究成果は学科間で共通している。提出する成果は 6 つ以内とされ，代表作のほか，各学科が定める 2 級以上のジャーナルに掲載された論文を 2 本提出する（2016 年以降に就職した場合，1 本）。代表作は 1 級ジャーナル掲載論文 2 本か，1 級ジャーナル掲載論文 1 本と学科で認められたチャプター論文 1 本か，図書 1 冊とされている。図書の場合，その一部は 2 級以上のジャーナルに発表済みでなければならない。

　ジャーナルの等級は学科ごとに定められている。たとえば歴史学科のリストは科技部の等級評価に基づいて定められていて，2014 年版では 1 級ジャーナルが 13 誌，2 級ジャーナルが 17 誌となっている。3 級は示されていない。リストにない場合でも，学内の他の学科のリストにあれば，その等級に従う。SSCI や A&HCI に収録されているジャーナルは 1 級ジャーナルとされる。科技部が 1 級としているそれ以外の外国ジャーナルも 1 級ジャーナルとされる。その他の外国ジャーナルの等級は審査によって決められる。

　外部評価および学科や学部における審議がどのような基準によって行われるかまでは不明だが，今述べたガイドライン等から教員評価の基本的な性格が浮かび上がってくる。評価の配分からわかるように，国立台湾大学では研究を非常に重視している。研究成果に関しては，まずジャーナル論文が図書よりも重んじられている。経済学科ではそもそも図書という研究成果が評価の対象外になっている。社会学科では図書1冊が論文1本と同等の扱いである。文学部では図書1冊が論文2本相当とみられている。政治学科は図書1冊と論文2本あるいは論文6本を提出すればよいとしていることから，相対的に図書を重視しているといえる。

　SSCI重視は経済学科と歴史学科の制度にみられる。歴史学科ではSSCIやA&HCIに収録されているジャーナルは1級ジャーナルと扱われる。経済学科の評価は科技部の国際ジャーナルの等級審査に基づいている。科技部の等級審査は，JCR（つまりWoS）に収録されたジャーナルを対象にしている。JCR収録の国際ジャーナルにはすべて点数が与えられ，A級とB級のJCR収録ジャーナルにはそれぞれ3点と2点が与えられる。経済学科自身が発行する『経済論文叢刊』と，中央研究院経済研究所が発行する『経済論文』は台湾の経済学において最も権威ある学術ジャーナルだが，JCR収録ジャーナルのC級と同等とされ，1点しか与えられない。

（2）東呉大学──研究と教育のバランスを図る私立大学──

　東呉大学は1900年に中国の蘇州で設立された。1954年に台湾ではじめての私立大学として再建された。自然科学と人文・社会科学をあわせ持つ総合大学である。東呉大学の教員評価の制度を国立台湾大学と比べると，つぎのようなちがいがある。

　第1に，助教授が期限内に准教授に昇進しない場合，雇用を打ち切られるという制度を，2015年に評価のガイドラインから削除していることである。このように，一部の大学に限られているが，裁判の効果は現れている。

　第2に，評価の項目間の配分が異なっている。東呉大学は教育，研究，指導，社会サービスの4項目に分かれ，4対3対1.5対1.5か3対4対1.5対1.5

のどちらかの配分を選択できる。指導を広い意味で教育の一部とみれば，教育と研究の比重は 55% 対 30% か，45% 対 40% になる。このように，東呉大学では国立台湾大学よりも教育を研究よりも重視しているようにみえる。

　ただし，教員の側からみて，教育と研究のどちらの負担が重いのかは別問題であることは注意する必要がある。たとえば昇進の申請に必要な条件は，教育面は採用されてから一定の年数が経てばほぼ自動的に満たすことができるが，研究面では努力して成果を発表しなくてはならない。

　国立台湾大学との共通点として，程度の差はあれ，SSCI 等の重視は東呉大学の教員評価にもみられる。具体的な基準が示されている商学部の場合，昇進の申請には SSCI や TSSCI に収録されたジャーナルか，科技部の国際ジャーナルの等級評価の対象となっているジャーナルに 2 本以上，論文を発表していることが必要である。ただし，1 本はその他の査読付きジャーナル論文 2 本で代替できる。さらに，条件付きながら教育に関する報告でも代替できる。

　商学部の各学科の教員評価では研究成果について補足の規定がある。たとえば経済学科では，上記の申請条件を満たすと 70 点が基礎点として与えられるが，必要条件としてさらに 5 点以上，上乗せすることが求められる。SSCI や TSSCI に収録されたジャーナルに掲載された論文の点数は 12 点，その他の査読付きジャーナル掲載論文は 6 点，査読なしのジャーナル掲載論文は 4 点である。

　このように東呉大学でも SSCI を重要視しているが，同じ経済学科を比べると，国立台湾大学ほどではない。まず，TSSCI と同等に扱っている。また，SSCI 収録ジャーナルをインパクトファクターで分類することもしていない。なお，人文・社会科学部やそこに属する政治学科，社会学科，歴史学科などでは，公開されている教員評価のガイドラインに研究成果に関する具体的な基準は示されていない。

表 2-2　台湾の SSCI 収録ジャーナルに掲載された論文数

	論文数	シェア	順位
経済学・経営学			
1994 〜 1996 年平均	50	0.5%	25
2004 〜 2006 年平均	202	1.5%	14
2014 〜 2016 年平均	754	2.7%	11
社会科学・一般			
1994 〜 1996 年平均	-	-	圏外
2004 〜 2006 年平均	280	0.7%	21
2014 〜 2016 年平均	1,184	1.3%	20

（出所）　科学技術・学術政策研究所「科学技術指標 2018」より作成。http://www.nistep. go.jp/sti_indicator/2018/RM274_44.html（2019 年 2 月 16 日アクセス）
（注）　整数カウント法による。

3-3.　評価制度の定着と副作用

　本節の第 1 項で述べたように，台湾では評価に関する政策は軌道修正され，かつてのように数値目標によって競争を駆り立てる傾向は後退したものの，第 2 項で明らかにしたように，大学や研究機関における教員や研究員に対する評価制度は抜本的な変更はなく維持されている。教員や研究員は今も，職を維持し，昇進し，研究資金や奨励金を獲得するために，継続的に研究成果，とくにジャーナル論文を生産していかなくてはならない。それは台湾の人文・社会科学にどのような作用を及ぼしているのだろうか。

　論文，とくに SSCI などに収録された英語ジャーナルに掲載される論文は明らかに増加した。しかも，世界的にみてかなり早いスピードで増えた。表 2-2 に示すように，1990 年代半ば以降 20 年間の間に，台湾の経済学・経営学も，社会科学・一般も，SSCI 収録ジャーナルに掲載された論文数を飛躍的に伸ばしたばかりでなく，その世界的なシェアを拡大し，順位を上昇させた。評価制度が教員や研究者のジャーナル論文の執筆を促したことが，その原因のひとつであると考えられ，制度が定着していることがわかる。

　しかしながら，評価制度に対する批判は，副作用の発生がジャーナル論文

への傾斜と表裏一体だということであった。副作用のひとつはジャーナル論文が偏重されることで図書が軽視されることであった。これについては，蘇國賢ほか（2013）が TSSCI や THCI の引用データを使って，つぎのような傾向を検証している。

　第1に社会科学では，最近のジャーナル論文ほど引用文献のなかでジャーナル論文の比率が上昇し，図書の比率が低下している。これは研究成果のなかでジャーナル論文の比重が増大していることを示している。第2に，社会科学でも人文科学でも，ジャーナル論文の公刊年とそれが引用する図書の出版年の差が拡大している。つまり，近年は図書の出版が減少していること，とくにかつての図書と比べて引用に足る良質の図書の刊行が減少している。第3に，人文科学で引用される中国語図書のうち，台湾発行の図書の比率が低下し，中国大陸発行の図書の比率が増加している。人文科学では依然として図書の引用が多いが，それは台湾における図書の刊行の減少が中国で刊行された図書によって補われているからである。

　このように，台湾において研究成果が図書として発行されることは振るわなくなっている。張天心・林奇秀（2017）も，教員や研究者が現在の評価制度のもとで研究成果を図書として発行することを難しいと感じていることを報告している。

おわりに

　台湾では 2000 年代に大学や研究機関を評価する制度が政策的に導入された。それは SSCI などのデータベースに収録されたジャーナルに掲載された論文など，数量的指標を過度に重視しているという強い批判を招き，政策レベルでは軌道修正を迫られることになった。しかしながら，大学や研究機関の評価に対応して導入された，内部での教員や研究員に対する評価は根本的には変更されることがなく，数量的指標を重視する性格は基本的に維持され

た。その結果として台湾の国際ジャーナルに掲載される論文数は飛躍的に増加したが，同時に図書の出版の減少といった，指摘されていた副作用も発生している。

　教員評価が大きく変わることがないのは，制度が強い粘性を持っているからである。粘性の要因のひとつは，制度にかかわる行為者，とくに被評価者の制度への適応である。徐進鈺（2011）は教員や研究員が評価制度の背景にある考え方を，自らの信条として内部化する傾向があることを指摘している。そうなれば，制度を批判するものを制度への不適応者とみなすようになり，副作用を是正することに消極的になるばかりか，抵抗勢力になりかねない。

　幸いにして台湾では依然として，多くの教員や研究員が評価制度の問題点に対してセンシティブである。それゆえ，評価制度の批判とそれへの対応というダイナミズムは今後も維持され，よりよい制度を模索する努力は続けられると期待される。

〔参考文献〕

＜日本語文献＞
佐藤幸人 2002.「中央研究院研究人員連合会続報」『佐藤会員の台北便り』日本台湾学会. http://www.jats.gr.jp/archives/sato.html#013（2019 年 2 月 11 日アクセス）.
佐藤幸人 2012.「台湾における研究体制の整備とコア・ジャーナル」『アジ研ワールド・トレンド』(198)：12-13.
佐藤幸人 2017.「試行錯誤を経て誕生した台湾の包括的引用索引データベース」『アジ研ワールド・トレンド』(259)：24-27.

＜中国語文献＞
陳振遠等 2011.「發展國際一流大學及頂尖研究中心計畫之評估研析」『研考雙月刊』35(3)：84-96.
陳碧祥 2001.「我國大學教師升等制度與教師專業成長及學校發展定位關係之探究」『國立台北師範學院學報』(14)：163-208.
反思会議工作小組編 2005.『全球化與知識生産——反思台灣學術評鑑——』台灣社會研究季刊社.

何卓飛 2012.「大學評鑑政策未來發展方向──教育部對各界批評大學評鑑之回應
　　──」『評鑑雙月刊』（36）http://epaper.heeact.edu.tw/archive/2012/03/01/5551.
　　aspx（2019 年 2 月 12 日アクセス）

黃光國 2011.「人間百年筆陣──高等教育『五化』下的省思與作為──」『人間福報』
　　12 月 27 日.

黃厚銘 2011.「台灣社會科學學術評鑑制度的理想與現實──以社會學為例──」『台
　　灣社會研究季刊』（82）: 267-279.

劉秀曦 2013.「高等教育政策工具之探析──大學評鑑結果與政府經費分配之連結
　　──」『教育研究與發展期刊』9（3）: 31-58.

曾孝明 2000.「教師評鑑制度──優先事項及必要性──」『資訊傳播與圖書館學』6
　　（3）: 19-39.

蘇國賢等 2013.『學術自主與控管之間──臺灣人文與社會科學的學術專業化──』
　　國立臺灣大學出版中心.

蘇碩斌 2012.「評鑑的制度化與制度的評鑑化──一個以台灣社會學者為對象的研究
　　──」『台灣社會研究季刊』（89）: 47-82.

徐進鈺 2011.「建構教授們的自律主體──台灣的大學學術評鑑治理術──」『台灣
　　社會研究季刊』（82）: 281-288.

楊瑩 2008.「台灣高等教育政策改革與發展」『研習資訊』25（6）: 21-56.

張天心・林奇秀 2017.「非戰之罪──研究評鑑制度下台灣社會學學術專書論著之困
　　境──」『教育資料與圖書館學』54（2）: 135-160.

周平 2011.「1975 年以降文件檔案中大學評鑑體制的論述及反論述形成」『教育與社
　　會研究』（23）: 79-125.

周祝瑛・吳榕峯・胡祝惠 2011.「SSCI 的人文社會領域學術評鑑──以國立政治大
　　學為例──」『比較教育』（70）: 31-56.

<英語文献>

Chou, Chuing Prudence, ed. 2014. *The SSCI Syndrome in Higher Education: A Local or Global Phenomenon*. Sense Publishers.

Wu, Li-ying and Alexandra Bristow 2014. "Perishing Confucius: An Analysis of a Rupture Point in the Discourse of Taiwanese 'New Higher Education.'" In *The SSCI Syndrome in Higher Education: A Local or Global Phenomenon*, edited by Chuing Prudence Chou, Sense Publishers, 127-140.

【コラム】インド
横行する粗悪なジャーナル

アラップ・ミトラ

中央レベルと州レベルの大学・研究機関

　インドの大学・研究機関や研究者がどのように評価されているのか。評価は大学や研究機関の間の研究資金の配分にどのようにかかわっているのか。研究者の給与や昇進は評価制度とどのようにリンクしているのか。つまる所,評価制度は研究活動にどのようなインパクトを及ぼしているのか。

　大学への資金の配分の決定に関して,インドにおいて政府から資金を受け取っている大学にはふたつのタイプがあることを,はじめに示しておきたい。ふたつのタイプとは国立大学と州立大学である。国立大学は最優先され,資金は中央政府から供与され,州立大学が州政府から受け取る金額を大きく上回る。国立大学の教員や学生は州立大学よりもかなり恵まれた環境を享受している。国立大学の教員は定年の年齢までも高い。

　国立大学の間で資金がどのように配分されているのかは,公には知られていない。学術的な要因だけではなく,宗教的,地域的な要因も考慮されると考えられている。

　州立大学はどこも資金の不足に悩んでいる。その結果,州立大学はリソースを得るため,有料のコースを設けざるをえなくなっている。国立大学でも,一部の学科では有料のコースを開いている。研究環境は大学間で大きなちがいがあるが,州立大学間のちがいは国立大学間のちがいよりも大きい。

　社会科学の研究機関にはおもにふたつのタイプがある。ひとつは,中央政府の人材開発省が,その関連機関である ICSSR をとおして管理している研究機関である。もうひとつのタイプは州政府の管轄下にある。これらの研究

機関は研究資金のうちの一定額を ICSSR や州政府からそれぞれ供与されている。残りは研究や訓練，そして場合によっては寄付によって賄っている。このふたつ以外にも第 3 のタイプの研究機関もある。それは政府の各省の直接の管轄下にある研究機関である。その資金の大部分は政府から供与される。また，民間の研究機関もある。その資金は国際的な援助機関を含む種々のソースから調達している。

　国立大学も，州立大学も，UGC のガイドラインによって管理されている。一方，著名な研究機関の大部分は ICSSR のもとにある。ICSSR は資金の配分のため，不定期に研究機関の評価を行っている。ICSSR 傘下の研究機関は昇進に関して，UGC のガイドラインにも従っている。ただし，ガイドラインの適用にあたっては，それぞれの必要に応じて若干の修正が加えられている。

　具体的な評価項目には以下のようなものがある。ICSSR の研究機関への資金供与のための評価の項目は，①ジャーナル論文や図書などの研究成果の出版，②助成を受けたプロジェクトの実施，③方法論，特定の研究テーマ，量的および質的方法に関する訓練プログラムの実施，④会議やワークショップの開催，⑤内外の会議への参加，⑥研究から得られたインプリケーションに基づく政策提言や，政策ブリーフの刊行，⑦政策立案者との交流や，政策インプリケーションを含む研究成果の普及である。個々の研究者の昇進等のための評価の項目は，上記の①②③④⑤のほかメディアへの寄稿がある。

ジャーナル論文重視の評価制度と粗悪なジャーナルの氾濫

　インパクトファクターの高い国際ジャーナルに掲載された論文には最大の評価が与えられる。チャプター論文はたとえ高名な出版社から刊行された図書に収録されていたとしても，国際ジャーナルに掲載された論文と比べて低く評価される。単著は編著よりも高く評価されると考えられている。また，出版社の評判はとても重要である。国際的な出版社が最も好まれる。インド

の出版社は制度のなかで周縁化されていて，地域的な市場をターゲットにしている。

　ジャーナル論文が図書よりも重要となったため，世界的にも，インド国内でも，新しいジャーナルが続々と刊行されている。この種のジャーナルの多くは掲載料と引き換えに論文を掲載し，学術的な価値は二のつぎにしている。なかにはネットワークを使って UGC の認定を得ているものもあるが，インド国内で発行されるそういったジャーナルを識別し，敬遠することは可能である。しかしながら，国際的に発行されている場合，みかけは立派にみえるため，ブラックリストに載せることは簡単ではない。

　このようなジャーナルは確実に学術界に多大なダメージを与えている。これらのジャーナルは往々にしてオープンアクセスとなっているため，それに掲載された多くの凡庸な論文が注目され，多数の論文から引用されている。そういった引用に基づいてジャーナルのインパクトファクターは上昇し，論文を掲載した研究者は昇進しやすくなるのである。このように，悪循環が学術界に持ち込まれ，偽物の低レベルの研究が正当化されている。昇進検討委員会は評価の基準に機械的に従う。基準がみた目ではかなり厳格にみえても，よく吟味すれば，ごまかすことが可能であり，操作の余地が残されていることがわかる。

　全体としていえることは，評価においてジャーナル論文を過度に強調することは，多くの粗悪なジャーナルを生み出すということである。また，若手や中堅の研究者の図書を出版しようとする意欲を減退させている。以前ならば図書の出版はどの大学でも教授となるための必須条件だったが，今ではそのようには考えられていない。代わりに学術的な土台を欠いた多くのジャーナルがはびこっているのである。

第 3 章

香港

——多様な研究成果の受容と「国際」基準による評価——

狩 野 修 二

香港の大学（筆者撮影）

はじめに

研究評価は 1986 年にイギリスで最初に開始されたといわれている。オランダは先進的に研究評価を始めたもうひとつの国である。1990 年代に入ると，その他のヨーロッパの国々やオーストラリアなどでも相次いで導入され始めるが，香港もこの時期に研究評価を開始した（林・土屋 2016；Geuna and Martin 2003；Hicks 2012）。香港では，香港特別行政区政府教育局の監督する団体として設立された UGC が，1993 年にはじめて研究評価制度を導入し，その後現在まで数年ごとに実施している。イギリスですでに実施していた制度を模して導入した香港の研究評価は，その後の研究活動に大きな影響を与えてきたと考えられている。

一方，大学内では，昇進に関わる審査の一環として，研究評価が少なくとも 1980 年代には開始されていた。ただし，この頃の評価はおもに研究成果の数をカウントしていただけであるといわれている（香港大學學生會 1987）。先に挙げた UGC による研究評価が，香港での研究成果を国際的に高めるためや，大学への予算配賦の査定のために研究成果・研究活動にフォーカスして評価を行うのに対して，大学内で行われる研究評価は，昇給，昇進，テニュア（終身雇用資格）の獲得，継続雇用などを目的とする評価の一部分として実施されている。

本章は，UGC や香港政府がどのような研究成果を高等教育機関に対して求めているのかについて，UGC が実施する研究評価制度を分析することにより推察する。また，研究活動のアウトプットである研究成果に関する統計データを通時的，数量的に整理することにより，研究評価が成果の数量や発表形態に何らかの影響を与えているかについても検討する。研究評価が研究成果へ与える影響については，研究成果数の増加，「国際水準」の重視，大学における研究業務の偏重などが指摘されているので，この点についてもとくに注意を払う。

　第 1 節では，まず研究評価が香港においてどのように導入されたのかを概観する。そして，研究評価制度と研究評価を実施する機関，さらに評価の対象となる機関について，その概要を紹介する。つぎに，第 2 節において，研究評価がどのような制度・方法のもとに実施されているのか，最新の制度内容に基づいて紹介する。そのうえで，これまでに実施された研究評価制度において，維持されてきている点，また変更された点について着目し，どのような研究成果や研究活動が評価されるか，あるいは不利に扱われるかについて明らかにする。つづいて，第 3 節では，大学で人事評価の一環として行われる研究評価について，香港大学を事例としてとりあげ，その特徴を解説する。また，UGC による研究評価が，大学内における評価にいかに影響を与えているかについても探る。最後に第 4 節では，研究評価に関する論文や報告書等から，研究評価が研究活動に与えた影響や問題点について整理し，紹介する。評価の影響については，とくにその評価方法において，不利に扱われるとされている人文・社会科学分野について注目する。そのうえで，研究成果等に関する統計データを利用し，香港における研究成果に，どのような傾向があり，また変化してきたか，人文・社会科学分野と自然科学分野を対比しつつ分析を行う。

第 1 節　研究評価制度の導入と評価機関・被評価機関の概要

1-1.　研究評価導入の背景

　香港は東アジアのなかで，最も早く高等教育機関における研究評価を導入した地域であるが（Cheng 1996），その発端は，義務教育の導入にまでさかのぼる。

　チェンによれば，香港で 9 年間の義務教育が導入されたのは 1978 年のことだが，これにより学校教育を受ける生徒の数が増加した。義務教育期間である中等教育を終えると，つぎの教育課程への進学を希望する学生の数も自

然と増加した。それに後押しされる形で，1980年代中盤に政府は，高等教育の拡大を決定した。また，1984年にイギリス政府と中華人民共和国政府の間で香港の返還が決まると，それに伴い海外への移住者が増加することが予測された。このため，政府は香港内の人材育成の必要性を重視し，高等教育の拡大をさらに推進していった（Cheng 1996）。

　高等教育の拡大は，そのまま高等教育にかかる予算の増加へとつながった（Chao and Postiglione 2017）。また，チェンによれば，他の国や地域でもみられるように，大学進学率の上昇は，全体的な学生の質の低下へとつながっていった。香港において，1980年代までは，優秀な学生の進学先として，香港内の大学を選択することは極めて自然なことであった。しかし1990年代になると香港の大学の質が下がったという認識が一般に広まり，優秀な学生は，海外の高等教育機関への進学を選択するようになっていった。こうした状況から，高等教育機関の質への関心が香港内で高まっていった（Cheng 1996）。

　高等教育機関の質への関心は世界的な傾向でもあった。UGCは，香港内における高等教育の質への関心の高まりと，研究評価を行うことが国際的なトレンドであり，これに追随することが「先進的」であるとの認識から，1993年に公的資金により運営される8大学に対してはじめての研究評価を実施した（Cheng 1996）。この研究評価はRAEと呼ばれ，イギリスで1986年から実施されていた研究評価と同様の枠組みを導入して行うこととなった。

　他方で，チャオとポスティグリオンによれば，海外からの研究者を雇用することは，香港の大学の地位を国際的に高めるために重要であると認識されていた（Chao and Postiglione 2017）。しかしシャンらによると，当時，香港の大学教員の給与は，一般の公務員と同じであった。このため，UGCは，大学の国際競争力を高めるため，政府に大学教員の給与や待遇に関する規制の緩和を提案した。この提案を受け，政府は，2003年に大学教員の報酬と福利厚生に関し規制の緩和を実施した（山・袁・馬 2018）。

　これにより，各大学は，公務員である大学の教員の給与に関し，国際的に活躍する研究者を引きつける条件を提示することが可能となったが，このこ

とは，成果ベースによる非常に競争的な研究環境と昇進システムもたらすことになった（Chao and Postiglione 2017）。

　大学内での研究評価については，少なくとも1980年代には，昇進にかかわる審査の中で行われていたことがわかっている。また，2000年代には，昇進や契約更新時の審査に加え，毎年の昇給にかかわる評価の一環として，研究評価が導入され始めた。また，チェンによれば，RAEが導入されたことにより，各大学が大学内部で研究評価を実施し，各学部への予算配分を行う際にも，RAEと同様の基準を利用するようになったと伝えている（Cheng 1996）。

1-2. 研究評価制度（RAE）

　香港では，公的資金が交付されている8大学に対して，数年おきに研究評価が行われている。この研究評価はUGCが主体となって実施しており，RAEと呼ばれている。RAEは，香港の大学における研究の質の向上と改善を図り，市民への説明責任を保証するという目的がある一方，その結果は，各大学への研究費予算の査定としても利用される。

　RAEは，1993年に第1回が実施されると，その後は，1996年，1999年と3年おきに実施され，それ以降は7年後の2006年，そしてさらにその8年後の2014年に5回目が行われ現在に至っている。次回は2020年に実施が予定されており，現在はその準備段階である。RAEの評価方法は，同じ分野の専門家が研究内容の検証を行う，ピアレビューを主として採用している。このピアレビューを担当する評価委員は香港内の人材からだけでなく，海外の専門家にも依頼し，評価する研究分野ごとに委員会を構成している。

1-3. 研究評価の実施機関（UGC）

　香港の研究評価，RAEを実施する機関であるUGCは，1965年に香港特別行政区政府教育局の監督する団体として設立された。この団体は，1964年，イギリスと同様に，大学教育に関する諮問機関を導入すべきとの意見が政府

に提議されたことを受け設立された。現在のおもな任務は，香港の大学教育の発展に関する提言，補助金に関する政府への予算案の提出，政府承認後の資金の交付，教育・研究の質の向上，研究と知識移転の促進，大学運営の費用対効果や効率性の監視などである（UGC 2017a）。

　また，UGC には，下部機関として RGC と QAC がある。RGC はおもに競争的研究資金に関する業務を行い，QAC は教育の質の保証に関する業務を専門に行っている。

　香港の大学は，カリキュラムの策定や職員の採用，学生の選抜，実施する研究内容，大学内での予算の分配等に関して，独自に決定する自由が法に基づいて保障されている（UGC 2017b）。公的資金が政府から直接交付されるのではなく，UGC を通じて交付されることにより，UGC が政府と大学間の緩衝・調整役となり，大学の自治と学術の自由を守る役割を果たしているといえる。

　UGC の重要な任務のひとつに，各大学への補助金案の策定がある。この補助金は，恒常的補助金（recurrent grants）と呼ばれており，各大学を運営する基本的な予算となる。恒常的補助金の策定は，UGC が各大学の教育，研究成果の内容に基づいて査定したのち，香港政府の立法機関である立法会の財務委員会において審議・承認されるという仕組みになっている（UGC 2017a）。UGC の年報によれば，各大学における予算のうち約 7 割が，UGC とその下部機関である RGC から拠出されている（UGC 2017b）。

　恒常的補助金は，大まかに包括補助金（block grants）と呼ばれる部分と，特定目的のための予算（earmarked grants）のふたつから構成されている。包括補助金の査定は，教育，研究，研究以外の専門的活動の 3 つの要素をもとに算出することになっており，その割合は，教育が 75%，研究が 23%，研究以外の専門的活動が 2% となっている。教育の要素は，生徒数や，課程のレベル（学士課程，修士課程など），学術分野などが指標となる（たとえば自然科学分野は実験機器などが必要なので，その分高額な費用が必要になる）。研究の要素については，研究評価（RAE）の結果をもとに査定される（UGC 2017a）。

1-4. 香港の高等教育機関（被評価機関）

2019年2月現在，香港で学部レベル以上の学位授与を行う機関は20ある。このうち，公的資金により運営している機関が9，自己資金により運営している機関が11ある。前者はさらに，UGCを通じて交付される公的資金により運営されている8大学（香港大学，香港中文大学，香港科技大学，香港理工大学，香港城市大学，嶺南大学，香港教育大学，香港浸会大学）と，香港政府より直接公的資金が交付される1機関に分けられる（狩野2018）。高等教育機関に対する研究評価であるRAEは，UGCが予算を交付している8大学に対してのみ行っているため，本章では，これら8大学を以後議論の対象として話を進める。

また，香港の高等教育機関において，「大学」の名称を使用するには，香港学術及職業歴評審局により，研究，教育，管理体制等の面で適格認定を受ける必要がある（大学改革支援・学位授与機構2016）。そのため，高等教育機関には，「大学」または「学院」の名称がつけられているが，両者はその性質が異なる。本章で対象とする8大学は，この意味ですべて「大学」であるが，過去の時点では「学院」だった機関もある（たとえば香港教育大学は2016年に「香港教育学院」から「香港教育大学」になった）。本章では，用語の混乱を避けるため，過去の時点について言及する際も，すべて「大学」として記述する。

第2節　大学に対する研究評価（RAE）の実施とその変遷

本節では，まずUGCが実施する研究評価，RAEについて，最新の制度内容を概観する。つぎに，1993年に実施された初回から，2020年に実施が予定されている第6回目の実施要綱（guidance notes）を比較し，新たに追加された点や修正された点に注目する。

RAEは，ピアレビューによる評価を主体として行っている。また，評価

対象となる研究成果物についても，その形態，言語を問わない。このことから，研究分野を問わない評価体制を志向していることがわかる。しかし，その制度を詳細にみると，「国際」水準という評価基準や成果物のカウント法などで，人文・社会科学分野に不利であったり，大学における研究業務の偏重を促したりするような内容が見え隠れする。

2-1. UGC による研究評価の仕組み

RAE 各回の実施要綱を比較してみると，その内容は，基本路線を保ちつつも，少しずつ改定されていることがわかる。2020 年に実施される RAE では，研究評価の対象を，①研究成果物，②研究インパクト，③研究環境の 3 つに分けており，その比重をそれぞれ 70%，15%，15% として計算し，最終的な評価を下す。このうち②の研究インパクトと③の研究環境は 2020 年からはじめて採用される評価項目である。

2020 年実施予定の RAE では，UGC はあらかじめ設定した 41 の研究分野にそれぞれ委員会を設置する。研究成果は各委員会において個別に評価が行われる。委員は，おもに海外の研究者が任命されるが，一部香港内の研究者も任命される。また，必要に応じて，ビジネス業界や政府，芸術家なども任命することが可能である。2014 年の RAE まで，委員は香港の研究者がメインで任命されていたが，2020 年の RAE からそのバランスが逆転することになる。

3 つある研究評価の対象のうち，「研究成果物」については，UGC が定めた基準に該当する教員（継続して 36 カ月以上勤務しているフルタイムの教員，研究者）1 人につき，4 点提出する（2013 年 10 月 1 日から 2019 年 9 月 30 日の間に出版，公開された物）。

研究成果物の評価は，次の 5 段階で評価される。

1) 4 つ星：独創性，重要性，厳密性において世界最先端の水準。
2) 3 つ星：独創性，重要性，厳密性において国際的に卓越した水準。

3）2つ星：独創性，重要性，厳密性において国際水準。

4）1つ星：限定的な独創性，重要性，厳密性。

5）未分類：1つ星の水準にない。もしくは研究成果としてみなされない。または未提出。

　評価を行う際には，研究成果物の形態（学術ジャーナルの論文か本のなかの1章分か）や出版された場所（欧米か香港か），出版言語（英語か中国語か）ではなく，その質によって判断することが求められている。

　研究評価の対象となるふたつ目の項目である，「研究インパクト」は，41に分けた研究分野ごとにその成果を提出する（大学内に該当する分野の研究者が2名以下の場合は提出しなくてよい）。研究インパクトの定義は，研究の質が，経済，社会，文化，公共政策，サービス，保健，環境，生活の質（quality of life）に明らかな貢献や，利益，価値のある変化，向上等を地域内，あるいは国際的にもたらした事例，とされている。学術的な貢献や，特定の大学内における教育的なインパクトは対象とならない。

　研究インパクトの評価は，「リーチ」と「重要性」の観点から行われる。「リーチ」とは，その研究により恩恵を受ける人の程度や広さのインパクト，「重要性」とはその研究が商品やサービス，政策等を実行可能にしたり，より充実させたり，改善させたりするようなことを意味している。評価は，①の研究成果物と同じく5段階に評価される。

1）4つ星：リーチと重要性において傑出したインパクト。

2）3つ星：リーチと重要性において相当のインパクト。

3）2つ星：リーチと重要性においてある程度のインパクト。

4）1つ星：限定的なリーチと重要性。

5）未分類：インパクトがない。インパクトとして適切でない。未提出。

　研究評価の対象となる3つ目の項目である，「研究環境」は，よい研究環

境がどのように提供されているのかを評価するもので，「研究インパクト」と同様，41 に分けた研究分野ごとに提出する（「研究インパクト」と同様，大学内に該当する分野の研究者が 2 名以下の場合は提出しなくてよい）。研究環境は，コラボレーションを促進したり，何かの賞を受賞したり，ある分野の研究に貢献するような戦略や資源，人材や設備等のことである。競争的研究資金の獲得実績もここに含まれる。

　研究環境の評価は「活性化」と「継続可能性」の観点から評価される。「活性化」とは各部門が人的資源や設備，資金等の観点から，どのくらい研究のための環境づくりを行っているか，また，研究における厳密性や創造力をどのくらいサポートしているかを示す。「継続可能性」は，提供されている研究環境がどのくらい研究活動を継続的にサポートし，その発展に寄与できるかを指している。評価はやはり 5 段階に分けられる。

1）4 つ星：「活性化」と「継続可能性」の観点から世界最先端の研究の実施が可能。
2）3 つ星：「活性化」と「継続可能性」の観点から国際的に卓越した研究の実施が可能。
3）2 つ星：「活性化」と「継続可能性」の観点から国際水準の研究の実施が可能。
4）1 つ星：「活性化」と「継続可能性」の観点から限定的な質の研究実施が可能。
5）未分類：1 つ星の研究が実施できない。未提出。

　こうして，それぞれの評価項目に対して与えられた星の数と，各項目の重みづけ（研究成果物 75%，研究インパクト 15%，研究環境 15%）をもとに計算したものが，各大学，各部門（分野）の最終評価結果となる。

　評価結果は，研究費予算査定の指標として利用されるため，非常に重要なものである。評価結果に対する注意点として，評価は個人の研究成果をもと

に行っているが，その結果を個人ごとに公表することはない。すなわち個人の研究成果の評価を意図していない。また，大学間のランクづけを意図するものでもない，ということを強調している。さらに，評価は研究分野ごとに行われるが，そこから推測される情報をもとにして大学内部での評価に利用すべきではない，ということについても明記している（UGC 2018）。

2-2. RAE の変遷とその特徴

ここでは，1993 年に実施された第 1 回から 2020 年に予定されている第 6 回までの計 6 回分の実施要綱を分析し，制度内容にどのような変更が行われたか，あるいは行われていないかについて注目する。それによって，RAE が，香港における研究活動をどのような方向へと導いているのかについて検証する（以下，たとえば 1993 年に実施した RAE は「RAE1993」）。

まず，実施の目的だが，RAE1993，RAE1996 では，研究費を配賦する際の査定のために行うとしている。RAE1999 になると，その目的自体に変化はないが，評価の基準をさらに高くしたとし，その結果，a.予算の配賦，b.市民への説明責任，c.研究の改善の 3 点について効果的な役割を果たしてきたことが述べられている。RAE2014 になると，その目的に，予算の配賦とともに，「世界水準の研究を促進するため」という一文が追加され，さらに RAE2020 では，「世界水準の研究を促進し，卓越性を推進するため」となった。研究成果の評価基準は RAE1996 の時点でも国際的に優れているということがポイントとなっていたため，すでに目的として折り込まれていたと考えられるが，RAE2014 以降それがより明確になったといえるだろう。

RAE の実施とその結果について，RAE1996 より毎回指摘されている事項が 2 点ある。ひとつは，RAE が研究を評価しているからといって，大学運営において，研究をより重視し，教育を軽視しているわけではないということ。ふたつ目は，RAE の評価結果を大学内の個人の人事評価に使うべきでないという点である。

ひとつ目は教育も研究同様重要であることを公式に述べており，UGC が

決して研究を重視するよう仕向けているわけでないことを繰返し注意している。また，ふたつ目についても，大学内の教員評価は，研究評価のみではなく，教育や社会へのサービス活動の評価も総合して行われるべきとの認識を示しており，これは，「研究業務の偏重」を回避するための文言であると考えられる。

　提出される研究成果についても，毎回明示されている事項が4点ある。ひとつは，研究成果はジャーナル論文に限定されないこと。ふたつ目は成果の出版場所や言語は制限されないこと。3つ目は研究成果がピアレビューを経ているか否かが評価に影響を与えないこと。4つ目は，国際的に権威のあるジャーナルに掲載されていなくても質の高い研究成果はあるという点である。

　これらは，研究成果が論文だけを対象としていないことや，香港内での研究成果の出版や，香港に関する研究等を阻害しないためのルールといえる。また，これらのルールは一般的に，欧米で発行される著名な学術ジャーナルに掲載された論文のみを評価すると不利になるといわれている人文・社会科学の研究をよりよく評価していくためであるといえるだろう。

　しかし一方で，すでに2-1でみたように，最終的な評価段階においては，最高評価の4つ星から2つ星まではすべて「世界」または「国際」水準であることが評価の基準となっている。実施要綱では，どこで発表された成果であれ，その内容が「国際」水準かどうかということが判断の基準であるとしているが，誤解をまねきやすい表現であろう。実際にRAE2014までは，1つ星の説明として「地域レベル（regional standing）」と書かれており，このことがさらに誤解を生むであろうことは想像に難くない。このためか，RAE2020からは「地域レベル（regional standing）」の語の使用をやめ，「限定的（limited）」の語に変更している。

　研究者1人当たりの必須提出件数とそのカウント方法については，何度かの変更があった。RAE1993では3点，RAE1996では5点，RAE1999，RAE2006は6点，RAE2014，RAE2020では4点であった。各回とも対象と

なる提出物が発表された期間を定めている。その期間は，RAE1993，RAE1996，RAE1999，RAE2006 は過去4年間，RAE2014，RAE2020 は過去6年間となっており，対象期間に比べて必要提出件数は絞られてきている。この理由として，ひとつには，評価全体の負担を減らし，かつ評価をより厳密に行うことが考えられる。また，これにより，平凡でオリジナリティの少ない研究が大量生産されるといった事態を抑制するといった側面もあるだろう。

　一方，注目したいのが，必須提出件数と同様，提出物のカウントの方法も変遷している点である。RAE2014 以降，単著の図書は2件としてカウント（ダブルウェイト）できるようになった。これは，より多様な成果の形態を認め，とくに，図書での成果発表が多い傾向のある人文・社会科学分野のことを考慮したものと考えられる。しかし，提出された図書をダブルウェイトとして取り扱うかどうかを最終的に判断するのは，評価する委員にゆだねられているため，結果として，ダブルウェイトとして認められない可能性もある。そのため，ダブルウェイトを希望する場合は，予備でもう1件提出することが可能となっている。これはつまり，ダブルウェイトを希望していても，結局4件提出する必要があるということである。万一，予備の研究成果を提出せずに，図書のダブルウェイトが認められなかった場合，不足した1件分については最低の評価を受けたこととして処理される。この点から考えると，新しいカウント方法は，一見，ジャーナル論文の重視を回避するための方策ともいえるが，図書の成果物が論文と同じ程度に扱われているとはいい難い面がある。

　このように，必須の提出件数の減少や，図書のダブルウェイトを認めるなどの措置が取られる一方で，研究者にとってさらに厳しい方針の転換も起こっている。

　たとえば，共著の扱いがこれに該当する。共著は，RAE2006 までは，実質的な貢献があれば1人1件としてカウントできた。これは共同研究を阻害しないことを目的としている。しかし RAE2014 からは，他大学の研究者と

の共著であれば、それぞれ1件としてカウントできるが、同じ大学内での共著の場合は、そのうちのひとりしか提出件数としてカウントできないように変更された。

　また、RAE2006までは、対象期間中、教育業務や大学内の管理業務により多く従事していた教員への配慮から、RAEで研究成果を提出するか否かは大学側と教員が話し合いのうえ決定することができた。しかしRAE2014から、既定の件数を提出できない場合、不足分については、最低ランクの評価を受けたものとして扱われることになった。さらに、新しく採用された教員は、RAE2006までは博士論文を成果として提出することが認められていたが、RAE2014からは認められなくなるなど、一定の研究成果量を維持すること、また研究成果の内容について限定するなど、研究重視ともとれるような方向に変わってきている。

　最後にピアレビューとメトリクス（数量的な指標）による評価についてとりあげる。RAEはRAE1993から今まで、その研究分野の専門家である研究者によるピアレビューによって評価がされるというのが前提条件であった。

　ピアレビューは、そのメンバー構成をほぼ毎回変更してきている。RAE1993では、メンバーはおもに香港の研究者であった。ただし、RAE初回であったため、各委員会には、イギリスの評価実施の専門家が入っていた。RAE1996になると、委員は香港の研究者と、必要であれば、実業界や政府機関、芸術界等から専門的な人材を任命することが可能となった。

　林によれば、ピアレビューによる評価が機能するのは、評価対象の研究分野を専門とするピアをそろえられる場合や、利害関係のないピアを集められる場合、また、評価する件数が処理可能な数である場合であり、この条件を満たさない場合には別の方法を検討しなければならないとしている（林2017）。

　香港の学術界は、その規模があまり大きくないことから、林の挙げている条件を満たすことは困難であると考えられる。そのため、RAE1999からは、メンバーは香港の研究者と海外の研究者から構成されるようになった（学術

界以外の専門家の任命は前回と同様），その後，RAE2014 になると，メンバーの構成は，海外の研究者をメインとし，香港の研究者は一部分となり，RAE2020 も同様の構成で実施する予定となっている。

　ピアレビューを実施するメンバーの数も増加しており，RAE1996 では 111 人のメンバーが，RAE1999 では 180 人，RAE2006 では 208 人，RAE2014 では 307 人となり，RAE2020 ではさらにメンバーを 20% 増加すると発表している。また，海外からのメンバーについては，RAE2006 では約 30% を占めるに過ぎなかったが，RAE2014 では約 70% となっており，海外のピアレビューアーが主体となっている。

　海外のピアレビュアーの割合が増加していることについては，上述のピアレビューによる評価を適切に機能させる以外の理由も指摘されている。ヤンによれば，RAE では，評価にあたって国際水準が重視されており，評価において研究の質とはすなわち国際水準を意味しているという。そしてこの国際志向が，ピアレビュアーの海外からのメンバー増加に明らかな影響を与えているというのである（Yang 2013）。

　目的はともあれ，ピアレビューによる評価を機能させるための変更を行ってきている一方で，実施要綱をみていくと，RAE2014 からメトリクスや引用索引データベースの利用を認める項目が出現する。こうした指標を利用した研究評価は研究成果を正しく評価することはできないとして，世界的に批判的な意見が出されている。RAE の実施要綱では，それら指標のみによって評価の判断をくだしてはならないとの但し書きはあるが，RAE2006 までは，著名な学術ジャーナルに掲載された場合は，質が高いと判断して詳しく調査する必要はないとも書かれており，矛盾しているようにみえる。実際に，筆者が 2018 年 12 月に香港の大学で，UGC の委員でもある教員に実施したインタビューによれば，研究分野によっては，そうした指標をもとに評価することが慣行となっているため，メトリクスや引用索引データベースを利用した評価を行うかどうかは，各委員会の判断に任されているとのことであり，メトリクスや引用索引データベースにより算出された指標をもとに評価が行

われているケースもあるようである。

第3節　大学内における研究評価の仕組み

　本節では，大学内で実施される研究評価について概観し，その実施内容と，UGC の行う研究評価の影響について探る。

　香港の大学内での教員評価が具体的にいつから始まったかは明らかではないが，香港大学学生会の資料によれば，少なくとも 1980 年代には，香港大学の昇進の審査において，研究評価が実施されていたことが報告されている。この資料によれば，昇進の審査は，研究成果や経歴などによって行うとされ，教育については評価の対象となっていない。また，研究成果は，その数量によって評価されており，質の評価は行われていないことが同時に指摘されている（香港大學學生會 1987）。

　2018 年現在では，昇進のための審査のほかに，毎年，昇給にかかわる人事評価が行われており，同年に筆者が香港大学で行ったインタビューによれば，この評価が始まったのは，大体 2000 年代初期からとのことである。これはおそらく，2003 年に教員の給与の規制緩和が行われ，教員の待遇が大きく変わったことと関係していると考えられる。

　大学内でのいわゆる人事評価は，おもに昇給，昇進，契約更新，テニュアの獲得などがあるが，研究評価もこの一部として行われる。チャオとポスティグリオンによれば，大学内でのこうした評価の実施に関する詳細は，イントラネットにより，大学内部では公開されており，透明性が高いとされているが（Chao and Postiglione 2017），実際にどのような評価が行われているか，外部からはほとんどわからないのが実情である。筆者が各大学のウェブサイトを確認したところ，8 大学中，香港大学のみが評価の方法を公開していた。そこで本節では，おもに香港大学でどのような評価が行われているか概観し，そのなかで，研究評価がどのように行われているのかを確認する。

　香港大学での評価は，先に挙げた通り，その目的によって複数種類が行われているが，ここでは，毎年実施される昇給にかかわる評価である業績評価（performance review）について概観する。

　2018 年の香港大学の業績評価では，①教育，②研究，③知識交換（knowledge exchange），④サービス・管理業務，の 4 項目が査定されることになっている。これら 4 項目の比重は，職種や終身雇用資格である，「テニュア」を取得しているかどうかなどによって異なるが，テニュアを獲得した一般的な教員であれば，教育と研究がそれぞれ 30 〜 60%，知識交換とサービス・管理業務がそれぞれ 5 〜 15% の間で設定される。具体的な数値の決定は事前に学部長との面談により個別に決定されるが，教育と研究の比率にかなりの幅を持たせることができるようである。

　最終的な評価は優秀（exceeds），基準達成（meets），基準未達成（not meet）の 3 段階に分けられ，優秀と基準未達成はそれぞれ対象教員の 10% が，基準達成は残りの 80% が該当するようになっている。

　研究評価について，どのような事柄が評価の対象となるかについて，以下 6 点が業績の例として挙げられている。

①主要な研究成果について，それが RAE の評価基準の上位 2 段階（4 つ星：世界最先端の水準，3 つ星：国際的に卓越した水準）と同等な水準のもの。またその評価に値すると考えられる理由。
②獲得した競争的資金の額と数，そのプロジェクトでの自身の役割。
③大学院生の指導とその達成度。
④応用研究での卓越性。
⑤研究関連業務での貢献（研究関連でのリーダーシップ，編集委員等）。
⑥研究関連の受賞。

　これらのうち①，②，④，⑥については，RAE での評価項目とほぼ同じであり，RAE の評価内容が大学内の人事評価にも影響していることがわか

る。とくに①の研究成果については，RAE での評価基準に合致しているか
どうかを問うものであり，直接的な関連を持たせていることが明らかである。

　香港大学では，教育，研究を含む 4 つの項目について評価の比率を決め，
最終的な評価が決定されることになっているが，チャオとポスティグリオン
によれば，最終的には研究が評価において一番重視されている（Chao and
Postiglione 2017）。

第 4 節　研究成果の変遷と研究評価がおよぼす影響

　第 2 節，第 3 節では香港の大学に対する研究評価と，大学における人事評
価のなかの研究評価が，どのような制度のもとで行われているかについてみ
てきた。本節では，こうした評価制度によって，大学やそこで働く教員，そ
して教員の行う研究活動とその成果がどのように変化したかについて確認す
る。まず，4-1 では，研究評価が研究活動に与えた影響について，既存の論
文や報告書で指摘されている問題について整理する。また，4-2 では，統計デー
タを利用し，研究評価制度導入以降，研究成果の総数や 1 人当たり研究成果
数の変化，発表形態の変遷，ピアレビューの有無などに関し，どのような変
化があったのかを数量的に分析する。さらにデータの制約により期間は限定
されるが，人文・社会科学分野と自然科学分野を比較し，双方の研究成果の
ちがいについても着目する。

4-1.　研究評価が研究活動に与えた影響

　研究評価が研究活動に与えた影響は，つぎの 3 点に集約される。ひとつ目
は，研究成果の増加，ふたつ目は，評価における「国際」水準の重視，そし
て 3 つ目は，研究業務の重視である。これら 3 点をもとにして，さらなる影
響が派生している。

　まず，研究成果の増加だが，RAE の実施により，対象となった教員は既

定の数の研究成果を提出することになった。このため，RAE1993実施後，研究成果の量が増加したことは自然の流れであると考えられる。また，RAEの結果は，研究予算の査定に影響するため，チェンによれば，各大学は，教員の研究成果について，非常に意識するようになったという。たとえば，「生産性」の低い研究者は問題視されるようになった（Cheng 1996）。

　大学の教職員からは，研究成果の増加に関して，良い面・悪い面の双方が報告されている。カリーが2003〜2004年にかけて香港大学と香港城市大学で行ったインタビューによれば，良い面として，より多くの成果を出すことが大学から求められたため，それによってキャリアをより早く進めることができた。また，年に1本はよい成果を出すという認識が広まり，それにより平均よりいい研究が増え，量だけでなく質も上がり，国際的な評価も上がったという。一方，悪い面としては，平凡でオリジナリティの少ない研究を大量生産しているとの批判が上がっている。また，こうしたシステムは，自然科学分野にとって有利であり，人文・社会科学分野には不利であると述べている（Currie 2008）。

　2点目の影響は，研究を評価する際の基準として，RAEが「国際」水準を導入したことである。「国際」水準の直接的な定義は，UGCの資料では見当たらない。しかしRAE1999〜RAE2014の実施要綱では，評価に関する項目において，「国際的vsローカル」の説明が記載されている。それによれば，ローカルはその質に基づいてふたつに分けて考える必要があるとしている。ひとつは，研究成果がローカルな事柄を扱っているため，ローカルであるというもの。もうひとつは，成果がその分野において国際的に期待される厳密性と学術性を満たしていないため，ローカルであるというもの，と説明している（UGC 1999; 2005; 2014）。

　また，UGCによるRAE2006の説明資料では，香港の現地事情に関する研究や香港で出版されるような，いわゆる，ローカルな研究成果を，どのように適切に評価するのか，という大学側からの質問が，Q&Aとして掲載されている。それによれば，UGCは，その研究成果が，知的内容および，研究

過程と方法論の厳密さの観点から，国際的研究コミュニティに貢献できるようなものであるかどうかにより評価する（UGC 2005），と説明している。

　これらの説明は，香港の出版社などから出版される研究成果をどのように，「国際」的な基準で評価するかについては述べているが，欧米のジャーナルや出版社から発表された研究成果をどのように評価するかは直接的には説明していない。UGC としては，RAE の実施要綱で毎回，成果の出版場所や言語は制限されないことを説明しているため，上述の説明と併せて理解すれば，成果の発表される場所が，たとえ香港のジャーナルであれ，欧米のジャーナルであれ，同じ基準で評価されることになるはずである。

　しかし，カリーが行ったインタビューによれば，少なくとも一部の教職員には，RAE が重視しているのは，国際的に権威のある学術ジャーナルに掲載された論文であり，そのため，研究者の成果の発表は，チャプター論文よりは学術ジャーナル，とくに欧米で発行される著名な学術ジャーナルに発表するといった方向に向かっていると考えられている。そして，それにより，ローカルなジャーナルの価値や，ローカルな研究の評価は低くなっていると認識されている（Currie 2008）。また，こうしたローカルな研究はとくに人文・社会科学分野に多いため，現在の研究評価の仕組みは，人文・社会科学分野にとって不利であると考えられている。

　国際的な評価基準を利用した評価は，人文・社会科学分野にとって不利であることは，モクとチャンをはじめとする研究者も指摘している（Mok and Chan 2016）。またチェンによれば，実際に，欧米で発行される著名な学術ジャーナルではなく，香港や中国で出版されたピアレビューのない論文や図書は，その評価の際に議論になることが多く，そうした成果の多くは，人文・社会科学分野のものであったと報告している（Cheng 1996）。

　3 点目の影響は，大学運営における研究業務の重視である。RAE は，その目的にも書かれているとおり，各大学の研究予算の査定に利用される。モクとチャンによれば，政府の資金が研究成果と結びつくことによって，大学は，教育より研究に力を入れるようになったとし，高等教育機関としての精神や

性質を変えてしまった，と述べている（Mok and Chan 2016）。

　こうした状況は，大学の人事評価にも影響を与えており，リの調査によれば，香港のあるトップレベルの大学の人事評価では，教育，研究，サービスの3つの業務は，それぞれ等しく評価される設計になっているが，実際には研究が評価において最も重視されているということが報告されている（Li 2016）。

　また，チャオとポスティグリオンによれば，各大学内での評価に関して，香港の大学は，本来法律により高度な自治が認められているので，職員の採用や，待遇，テニュア取得の条件等を自分たちで決められることになっている。しかしRAEの導入により，国際的な評価基準が研究を評価する指標になった結果，大学内部での教員評価も同じようなものになってきている。また昇進に際しては，研究，教育，その他のサービス的業務を評価項目としており，建前上は研究と教育は同じ比率で評価されるのだが，実際には研究が重視されている。さらに，昇進やテニュア獲得のための審査では，競争的資金の獲得も重視されており，要求される質と量の研究成果を出していたとしても，競争的資金が獲得できていなければ，契約更新は検討もされない（Chao and Postiglione 2017）。

　カリーのインタビューによれば，これらの結果，研究以外の仕事である教育や管理的業務が避けられるようになり，それどころか，教育の業務が，十分に研究成果を出版できない研究者へのネガティブな制裁（教えるコマ数を増やすなど）となっている。また，RAEで評価の対象とならない，授業のみを行う教員の採用を始めるなど，雇用制度の変化や，研究評価の成果物とみなされない新聞への寄稿や書評などの執筆が難しくなっているとの意見が報告されている（Currie 2008）。

4-2. データからみる研究成果の変化

　本項では，研究成果に関する統計データを用いて，香港における研究成果の傾向と変遷を，とくに人文・社会科学分野と自然科学分野との差異に注目

しながら分析を行う。研究成果等を通時的・数量的に概観することによって，研究評価導入後に研究活動がどのように変化したかを確認し，その影響について推察する。

　香港の研究成果の変遷について，データを用いて分析している研究はほとんど見当たらない。そのなかで 2016 年に発表されたリの研究では，日本，中国，香港のいわゆるトップ校と呼ばれる大学の研究成果のうち，教育政策と人類学の分野について，1 人当たり論文発表数と英語論文発表数を算出し，その比較を行っている（Li 2016）。しかし，研究分野と比較する年（1993 年，2003 年，2013 年）が限定されているため，通時的にどのような変化があるのか，また研究分野全体としてどのような傾向があるのかが把握できない。

　そこで本項では，UGC がウェブサイトで提供している統計データを利用し，香港の全研究分野における通時的な分析を行う。統計の内容は，成果数，教員数，成果の形態，ピアレビューの有無である。データの期間は研究分野全体にかかるものについては，1993/94 ～ 2016/17 年度または，1995/96 ～ 2016/17 年度のもの，研究分野別は，2009/10 ～ 2016/17 年度までのデータが入手可能であったため，その期間においての分析を行う。また，研究分野全体に関わるデータと，研究分野別のデータは，同じ UGC のウェブサイトから入手したが，データセットが異なるためか，合計数において若干の違いがみられる。しかし，全体の傾向をみるうえでは，誤差の範囲であると考え，本章では，同じ図の中で使用することとする。

（1）安定化する研究成果数

　図 3-1 は，1993/94 ～ 2016/17 年度の全研究分野における，研究成果の数量（棒グラフ）と，2009/10 ～ 2016/17 年度における，研究成果全数に占める人文・社会科学分野の割合を示したもの（折れ線グラフ）である。研究成果の数量を表す棒グラフについても，2009/10 ～ 2016/17 年度に関しては，人文・社会科学分野と自然科学分野の数量がわかるよう表示されている。

　まず研究成果全体の数量であるが，1993/94 年度に 13141 件であった研究成果の数は，2016/17 年度には，25384 件となっており，約 20 年でほぼ倍増

図 3-1　研究成果数と人文・社会科学分野の占める割合

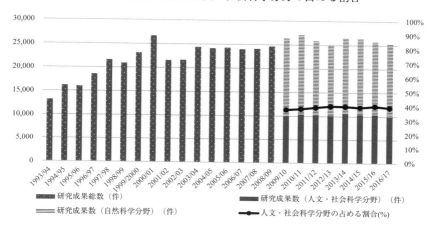

（出所）　UGC ウェブサイトより作成。https://cdcf.ugc.edu.hk/cdcf/statEntry.action?language=TC

　していることがわかる。しかし右肩上がりで研究成果の数が増加しているの
は，2000/01 年度の 26680 件をピークとするはじめの 8 年間のみである。
2001/02 年度，2002/03 年度には財政難のあおりを受けて，一旦減少するが，
その後，2003/04 〜 2008/09 年度は，24000 件前後，2009/10 年度以降は，
26000 件前後で安定している。

　つぎに，2009/10 〜 2016/17 年度の研究成果の数量を人文・社会科学分野
と自然科学分野で比較してみると，人文・社会科学分野は，2009/10 年度に
9964 件であったものが，2016/17 年度には 9999 件となり，0.4% 増でほぼ横
ばいであった。自然科学分野では，2009/10 年度に 16427 件であったものが，
2016/17 年度には，15385 件となり，6.3% 減少している。一方，折れ線グラ
フが示している，研究成果数全体に占める人文・社会科学分野の割合を見て
みると，おおよそ，40% 前後を保っており，自然科学分野との比率は，4 対
6 の割合で，大きな変化はないことがわかる。

　これらの傾向をみると，4-1 で紹介した，カリーによるインタビューで指
摘されたような，研究を大量生産する，またはそうしたことが自然科学分野

に有利，という状況には当てはまっていないことがわかる。

(2) 増加する教員数と人文・社会科学分野の優位

図3-2は1995/96〜2016/17年度の教員数である。教員数は増減を繰り返してはいるが，全体的には増加の傾向にあり，1995/96年度に6696人だった人数が2016/17年度には9896人にまで増加している。

図3-1と同様，2009/10〜2016/17年度については，人文・社会科学分野と自然科学分野における割合がわかるようになっている。人文・社会科学分野，自然科学分野ともに多少の増減はあるが，全体的には増加しており，2009/10年度と2016/17年度を比較すると，双方とも約9%増加している。また，図3-1で，人文・社会科学分野と自然科学分野の成果の数量の比率が4対6であったことを確認したが，教員数では，人文・社会科学分野の方が1.1〜1.2倍前後多い。

本項（1）で指摘したとおり，2003/04年度以降，研究成果数がある程度安定化していることから考えると，1人当たり研究成果数は減少していると考えられる。また，図3-1でみたように，研究成果数が，人文・社会科学分

図3-2　教員数

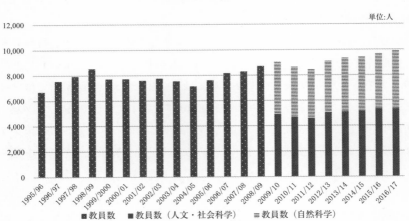

（出所）　UGCウェブサイトより作成。https://cdcf.ugc.edu.hk/cdcf/statEntry.action?language=TC

野と自然科学分野で 4 対 6 の比率になっていることから考えると，1 人当たり研究成果数は自然科学分野の方が多いことも容易に推察される。この 2 点については，次項で確認する。

（3）減少する 1 人当たり研究成果数と自然科学分野の優位

図 3-3 は，1 人当たり研究成果数を示した図である。1 人当たり研究成果数は，1995/96 年度の 2.39 件から，2000/01 年度には，3.45 件まで増加した。しかし，その後は，増減を繰り返しながらも，減少傾向にあり，2012/13 年度以降は，1 人当たり，2.5 ～ 2.8 件あたりまで減少しており，1995/96 年よりもわずかに多いといったレベルで落ち着いている。

2009/10 ～ 2016/17 年度については，人文・社会科学分野と自然科学分野における割合がわかるようになっている。人文・社会科学では，2009/10 年度に 2.04 件であった 1 人当たり研究成果数が，2016/17 年度には，1.88 件，若干減少はしているが，おおよそ 1 人 2 件となっている。自然科学では，2009/10 年度に 3.93 件であったものが，2016/17 年度には，3.36 件と減少しており，1 人 4 件近くあったものが，3 件に近づいており，人文・社会科学分野よりも件数は多いが，減少率が高い。また，人文・社会科学分と自然科

図 3-3　1 人当たり研究成果数

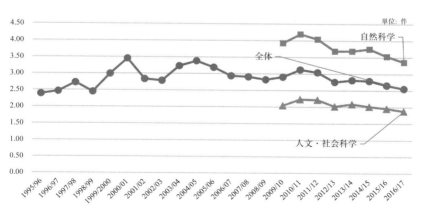

（出所）　UGC ウェブサイトより作成。https://cdcf.ugc.edu.hk/cdcf/statEntry.action?language=TC

学分野を比較すると，いずれの時点においても，人文・社会科学分野の成果は自然科学分野の約半分の成果数となっている。

本項（1）（2）（3）でみたように，研究成果数が安定化する一方で，研究者数は増加し，それにより1人当たり研究成果数は減少している。これらのことから，香港ではすでに成果の量のみを求める方向性ではなくなっていることが推察される。

（4）約7割を占めるジャーナル論文・会議論文

図3-4と図3-5は，研究成果の形態をその割合で示した図である。1993年〜2000年までと，それ以降で，成果の形態のカテゴリに変更があったため別の図とした。カテゴリの大きな変更点は，2000年までは，「図書」と「ジャーナル論文，チャプター論文」とに分けられていたものが，2001年以降「図書，チャプター論文」と「ジャーナル論文」というカテゴリに再編成された点と，7カテゴリあった項目を6カテゴリに減らした点である。具体的には，「レビュー，翻訳など」と「編集，外部機関への高度なサービス」の項目が消滅し，代わりに「特許，協定，契約」が追加された。前2項目はおそらく「その他」に吸収されたと考えられる。

RAEにおいて，出版の形態や，ジャーナル論文であるかないかを評価の判断にしないことを明言しているが，第2節でみたとおり，よりよい評価を得るためには，国際的に権威のあるジャーナルへの発表が近道だといえる。そのため，研究成果の発表形態もジャーナル論文への移行が予想される。

図3-4と図3-5をみると，どの年においても，ジャーナル論文と会議論文の割合が多いことがわかる。過去15年のデータでは，それぞれが30%を切ることはほぼなく，安定してこの比率を保持している。研究成果の形態は，この2つのカテゴリで全体の60%〜70%を占めることになる。図書の割合は，2001年以降，チャプター論文がそのカテゴリに吸収されたのち，10%程度に増加したが，それでも少しずつ減少を続けており，2016年には，6.5%まで縮小した。

ただし，1993年以降にジャーナル論文の割合が増加したかというと，そ

うではなく，もともとジャーナル論文の割合は高いまま現在に至っていることもわかる。研究評価の導入は，論文での発表が増加することが指摘されているが，データをみるかぎりそのような傾向はないようにみえる。こうした傾向が人文・社会科学分野と自然科学分野に分けた際に同様であるかを確認したのがつぎの（5）である。

図 3-4　形態別推移（1993 〜 2000）

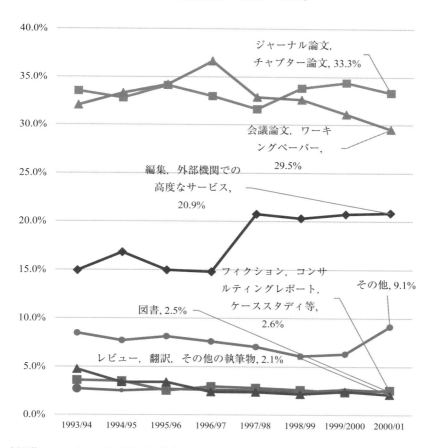

（出所）　UGC ウェブサイトより作成。https://cdcf.ugc.edu.hk/cdcf/statSiteIndex.action;jsession
id=FE133CF988A6FB3A3E1498DBE6C12B8C#

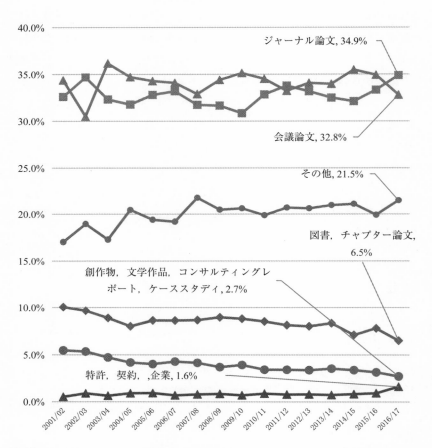

図 3-5　形態別推移（2001 〜 2016）

ジャーナル論文, 34.9%

会議論文, 32.8%

その他, 21.5%

図書，チャプター論文，6.5%

創作物，文学作品，コンサルティングレポート，ケーススタディ，2.7%

特許，契約，,企業，1.6%

40.0%
35.0%
30.0%
25.0%
20.0%
15.0%
10.0%
5.0%
0.0%

2001/02 2002/03 2003/04 2004/05 2005/06 2006/07 2007/08 2008/09 2009/10 2010/11 2011/12 2012/13 2013/14 2014/15 2015/16 2016/17

（出所）　UGC ウェブサイトより作成。https://cdcf.ugc.edu.hk/cdcf/statSiteIndex.action;jsession
id=FE133CF988A6FB3A3E1498DBE6C12B8C#

（5）人文・社会科学分野における会議論文の優位と図書の減少

　図 3-6，図 3-7 は，それぞれ人文・社会科学分野と自然科学分野における研究成果の形態別推移である。まず両分野に共通するのは，「会議論文」と「ジャーナル論文」が大きな割合を占めている点で，この傾向は（4）でみた

とおりである。このふたつの形態が，人文・社会科学分野では 60% 前後，自然科学分野は 70% 前後占めている。このうち，「会議論文」は，人文・社会科学分野において，最も割合が多くその数は少しずつではあるが増加している。一方，自然科学分野で，「会議論文」は「ジャーナル論文」に次いでその割合が高いが，減少傾向にある。「ジャーナル論文」は，自然科学分野において，最もその割合が高く，かつ増加傾向にある。一方，人文・社会科学分野では，「ジャーナル論文」は「会議論文」よりも少なく，その割合は，25% 前後で横ばいとなっている。そして，「図書」の割合であるが，自然科学分野において，2009 年時点から 5% 以下で比較的安定しているが，人文・社会科学分野では，2009 年の 17.3% から少しずつ減少をしており，2016 年時点では 13.4% まで減少している。

　また，自然科学では，「ジャーナル論文」「会議論文」「その他」で成果の9 割以上を占め，そのほかの成果はそれぞれ 5% にも満たず，成果の多様性の観点からは偏りがあるといえるが，人文・社会科学では，成果の形態に自然科学よりは，多様性があることがみてとれる。

　このように人文・社会科学分野と自然科学分野では，その研究成果の発表形態においてそれぞれ異なった特徴があることがわかる。しかし，主要な発表形態についていえば，人文・社会科学，自然科学を問わず「論文」の形態が過半数となっている。人文・社会科学においては，「会議論文」，自然科学においては，「ジャーナル論文」が重要な位置を占めている。その一方で図書による出版は少しずつ減少していることが明らかになった。

図 3-6　人文社会科学

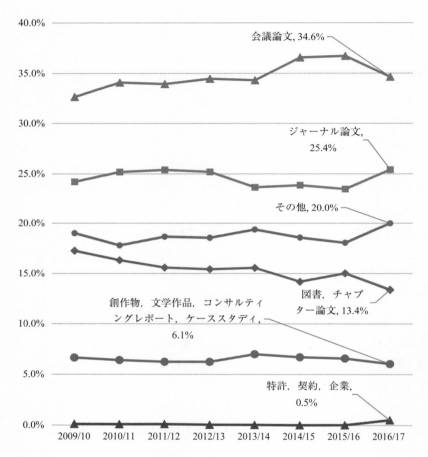

（出所）　UGC ウェブサイトより作成。https://cdcf.ugc.edu.hk/cdcf/indepthAnalysis.action;jsess
　　　　ionid=FE133CF988A6FB3A3E1498DBE6C12B8C

図3-7　自然科学

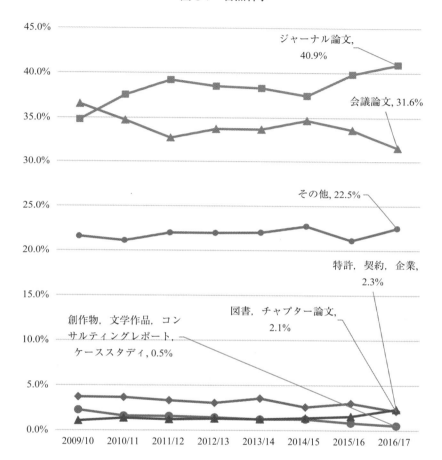

（出所）　UGC ウェブサイトより作成。https://cdcf.ugc.edu.hk/cdcf/indepthAnalysis.action;jsess
ionid=FE133CF988A6FB3A3E1498DBE6C12B8C

（6）研究成果におけるピアレビューの割合

　RAE ではその実施要綱において，研究成果がピアレビューを受けたもの
であるかどうかは評価に影響しないことが繰返し述べられている。図3-8は，
人文・社会科学分野と自然科学分野における，ピアレビュー有りの研究成果

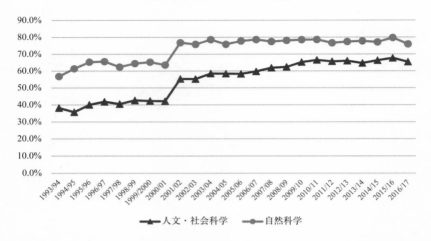

図 3-8　ピアレビューの有無

人文・社会科学　　自然科学

（出所）　UGC ウェブサイトより作成。https://cdcf.ugc.edu.hk/cdcf/statSiteIndex.action;jsession
id=FE133CF988A6FB3A3E1498DBE6C12B8C#

の推移である。人文・社会科学分野をみると，1993 年には 38.2% しかピア
レビュー有りの研究成果はなかったが，2001/02 年度を境に，50% を超えた。
以後その割合は増え続け，2016/17 年度には，65.4% までに増加している。
自然科学分野では，もともとピアレビュー有りの研究成果の方が多く，
1993/94 年度時点で，56.8% あった。その後も少しずつその割合を増加させ
ていたが，人文・社会科学分野と同様，2001/02 年度を境に一気に 70% を超
え，2016/17 年度時点では，75.9% まで増加した。

　なぜ 2001/02 年度の時点でピアレビュー済みの研究成果が一気に増加した
のか，今回の調査では明らかにできなかったが，2001/02 年度は，本項（1）
で述べたとおり，財政難の影響により，研究成果総数が前年度から 5150 件
減少した年度である。この時，ピアレビュー無しの研究成果は 5326 件減少
しており，全体の減少数よりもさらに多い。つまりピアレビュー有りの研究
成果は若干増加し，ピアレビュー無しの研究成果は激減したことがわかる。
この結果をみるかぎり，RAE での説明にもかかわらず，2001/02 年度以降，

ピアレビュー有りの研究成果が重視され，ピアレビュー無しの研究成果は回避されるようになったことがわかる。

おわりに

　香港は世界のなかでも比較的早い段階で研究評価の実施を開始した。そして 20 年の間に 5 回の RAE を実施し，そのあいだ，基本的な手法は踏襲しつつ，各評価の詳細については，そのつど見直しを行ってきた。

　香港の研究評価が，研究活動に与えた影響については，研究成果の数量の増加，欧米ジャーナルの重視，ローカル出版物の軽視，研究業務の偏重などが指摘されている。しかし RAE の実施要綱をみるかぎり，それらの傾向を推奨するような仕組みにはなっていない。むしろ，制度上はそうした傾向を排除しようとする文言が評価の前提として記載されており，多様な形態，言語による研究成果の発表を認める仕組みを作り上げている。こうした制度は，自然科学分野に有利になりがちといわれている研究評価において，人文・社会科学分野の研究成果も適切に評価するという意図を感じとることができる。しかし，評価項目ひとつひとつを詳細に確認していくと，研究成果の提出件数や内容，カウント方法などの面において，過去にはあった大学内での教育をはじめとするそのほかの業務への配慮が次第になくなっていき，より研究成果を厳しく評価する方向にシフトしているようにも受け取れる。また，「世界」あるいは「国際」水準という評価基準は，欧米系ジャーナルでの英語による論文発表や，ジャーナル論文での発表，ピアレビューのある媒体での発表などが，「国際的基準」を満たしやすく，これらは，一般に自然科学分野に有利であるといわれている。

　各大学の人事評価のなかで行われる研究評価においても，本来法律により保証された高度な自治により，自由に評価を行うことが可能なはずであるが，RAE の影響を色濃く反映しており，実質上，教育よりも研究に対して比重

が高いものであることが確認された。これらのことは，大学教員の業務の重心をより研究へと偏らせ，その成果についても RAE をめざしたものになることが予測される。

　こうした状況を把握したうえで，研究成果をデータの観点から分析すると，研究成果総数が近年，一定数である程度安定化してきた一方で，教員数は増加しており，1 人当たり研究成果数はゆるやかに減少していることが明らかになった。これらは，香港の高等教育機関において，単純に研究成果の量を増やすというフェーズからつぎのステップへ移行したと推察される。また，自然科学分野のみならず，人文・社会科学分野においても，少なくとも2009/10 年度以降，会議論文やジャーナル論文は，研究成果の主要な形態であることが明らかになったが，今回の分析結果によれば，先行研究などで指摘されているような，研究成果がジャーナル論文重視へと移行していくといった状況ではないことが確認された。一方で，図書による出版はこれまでの指摘と同様，少しずつではあるが減少傾向にある。

　香港では，大学における研究者数のうち，半数以上が人文・社会科学分野を占めている。研究成果数全体で，約 4 割に上る人文・社会科学分野の研究成果を適切に評価していくためには，多様な形態・言語による成果物を受容する現在の評価体制を維持しつつ，「国際」水準という基準をどのように運用・評価していくかが重要であると考えられる。

〔参考文献〕

＜日本語文献＞
狩野修二 2018.「香港の第三段階教育とその研究評価」佐藤幸人編『21 世紀アジア諸国の人文社会科学における研究評価制度とその影響』日本貿易振興機構アジア経済研究所.
大学改革支援・学位授与機構 2016.『香港──私立大学になるためのロードマップ──』大学改革支援・学位授与機構. https://qaupdates.niad.ac.jp/2016/02/26/hongkong-roadmap-for-a-private-univ/（2019 年 2 月 8 日アクセス）

林隆之 2017. 「研究評価の拡大と評価指標の多様化」『情報の科学と技術』67（4）：158-163.

林隆之・土屋俊 2016. 「学問分野による「卓越性」指標の多様性──多様な研究成果への報償の必要──」石川真由美編『世界大学ランキングと知の序列化──大学評価と国際競争を問う──』京都大学学術出版会.

李軍 2016. 「東アジアの高等教育の変容と世界大学ランキング──中国・香港・日本における研究評価の比較──」石川真由美編『世界大学ランキングと知の序列化──大学評価と国際競争を問う──』京都大学学術出版会.

＜英語文献＞

Chao, Roger, Jr. and Gerard Postiglione 2017. "Academic Promotion of Higher Education Teaching Personnel in Hong Kong." In Recalibrating Careers in Academia: Professional Advancement Policies and Practices in Asia-Pacific, edited by Libing Wang and Wesley Teter. Paris: UNESCO, 73-103.

Cheng, Kai-ming 1996. "The Evaluation of the Higher Education System in Hong Kong." In World Yearbook of Education 1996: The Evaluation of Higher Education Systems, edited by Robert Cowen. London: Kogan Page, 82-101.

Currie, Jan 2008. "The Research Assessment Exercise in Hong Kong: Positive and Negative Consequences." International Education Journal: Comparative Perspectives 9（1）：53-68.

Geuna, Aldo and Ben R. Martin 2003. "University Research Evaluation and Funding: An International Comparison." Minerva 41（4）：277-304.

Hicks, Diana 2012. "Performance-based University Research Funding Systems." Research Policy 41（2）：251-261.

Li, Jun 2016. "The Global Ranking Regime and the Reconfiguration of Higher Education: Comparative Case Studies on Research Assessment Exercises in China, Hong Kong, and Japan." Higher Education Policy 29（4）：473-493.

Mok, Ka Ho and Sheng-Ju Chan 2016. "After Massification and Response to Internationalization: Quality Assurance of Higher Education in Taiwan and Hong Kong." In The Palgrave Handbook of Asia Pacific Higher Education, edited by Christopher S. Collins et al. New York: Palgrave Macmillan, 423-438.

University Grants Committee 1996. Research Assessment Exercise 1996: Guidance Notes. University Grants Committee. https://www.ugc.edu.hk/eng/ugc/activity/research/rae/rae96gn.html（2019 年 2 月 8 日アクセス）

────── 1999. Research Assessment Exercise 1999: Guidance Notes. https://www.ugc.edu.hk/eng/ugc/activity/research/rae/raegn99f.html（2019 年 2 月 8 日アクセス）

────── 2005. Research Assessment Exercise 2006: Guidance Notes. University Grants

Committee.

https://www.ugc.edu.hk/doc/eng/ugc/publication/prog/rae/rae_2006.pdf（2019 年
2 月 8 日アクセス）

――― 2014. Research Assessment Exercise 2014: Guidance Notes（June 2014）.
University Grants Committee.

https://www.ugc.edu.hk/doc/eng/ugc/rae/gn_201406.pdf（2019 年 2 月 8 日アクセス）

――― 2017a. Notes on Procedures. 2017 edition. University Grants Committee.

https://www.ugc.edu.hk/eng/ugc/about/nop.html（2019 年 2 月 8 日アクセス）

――― 2017b. 2016-17 Annual Report. University Grants Committee.

https://www.ugc.edu.hk/eng/ugc/about/publications/report/AnnualRpt_2016-17.html
（2019 年 2 月 8 日アクセス）

――― 2018. Research Assessment Exercise 2020: Guidance Notes. University Grants
Committee.

https://www.ugc.edu.hk/doc/eng/ugc/rae/2020/gn_jul18.pdf（2019 年 2 月 8 日アクセ
ス）

University and Polytechnic Grants Committee 1993. Guidance notes. University and
Polytechnic Grants Committee.

Yang, Rui 2013. "Responding to Living in a 2.2 World: ERA, Capacity Building and the
Topography of Australian Educational Research from Hong Kong." The Australian
Educational Researcher 40（4）: 521-525.

＜中国語文献＞

山鳴峰・袁義・馬君 2018. 『教育総合改革新形勢下我国高校薪酬制度的創新研究』
上海大学出版社.

香港大學學生會 1987. 『香港教育制度全面檢討』金陵出版社.

【コラム】イギリスとオーストラリア

評価制度からみえる研究と社会の
コミュニケーションの模索

岡田雅浩

研究評価のメリットとデメリット

　研究評価制度は，競争意識を導入することによって公的資金の効率的な配分，研究の質の向上，さらには外部に対する説明責任を果たすという目的で，EU各国，オーストラリア，ニュージーランドなどで定期的に実施されている。実施の間隔，評価の対象，評価の手法など，制度の仕組みは一様ではないものの，研究予算，より具体的には組織単位に配分されるブロック・グランツの一部の配分の基準あるいは参考とされている。なお，研究助成金には，これに加え，通常，これから実施する研究プロジェクトのプロポーザルを審査し，プロジェクトに配分する競争的研究資金もある。

　ただし，政府が研究成果を評価し研究予算の配分に利用することについては，さまざまな懸念が表明されてきた。たとえば，①政府の意向が強く反映されること。なかでもビジネスに直結する研究，短期に成果が出やすい研究，監査に向いた研究，とくに数値で評価できる研究等が主流になってしまう危惧，自然科学の重視。②大学経営の企業化，つまり利益追求重視，研究活動の商品化。③大学の選別化，つまり競争の過度の激化，少数の優秀な大学への予算や資源の集中。④研究者や大学の行動の変化。とくに研究の目的が本来の学術的な関心から離れ，評価の対象になる指標の最大化になってしまうことやランキングの重視。⑤評価プログラムを実施するための評価側と被評

価側にかかる多大な人的，金銭的コスト等である。

イギリスとオーストラリアの研究評価制度の変化

　しかし，こういった懸念を抱えながらも，ポジティブな効果を期待して研究評価制度を積極的に推し進めてきた代表格がイギリスとオーストラリアである。

　イギリスは研究評価の先駆者であり，1986年から6回にわたり研究評価プログラムREFを実施してきた。イギリスでは論文の引用件数等の数量的指標を参考にしつつも，ピアレビューで研究成果を評価してきた。直近のREF2014では，過去の研究成果の質や研究環境（博士号の授与数や研究収入）の評価に加え，はじめての試みとして，研究がもたらしたインパクトの提示，つまり学術界以外への社会的・経済的影響も求められた。次回のREF2021ではウェイトが20%から25%に増加し，このインパクト評価部分がさらに重視される予定である。

　オーストラリアでは，研究評価プログラムERAを2010年，2012年，2015年，2018年に実施した。2018年には新たな試みとして，イギリスのインパクト評価部分に対応した評価プログラムengagement and impactも同時並行的に実施した。ERAが基礎研究も重視する学術的評価であり，評価基準はイギリスと同様となっているのに対し，engagement and impactは学界以外のエンドユーザーとのかかわりや，学界の外で経済的，社会的，文化的に与えた影響を，定性的に評価するというものである。つまり，オーストラリアでも学術的貢献のみならず，社会貢献も明示的に示すことが要請されるようになった。

　そもそも研究成果の学界以外への社会的・経済的な貢献が重要視されるようになった理由は，科学研究が象牙の塔に閉じこもっているという批判，科学あるいは科学者に対する不信，低成長時代の緊縮財政のもとで目にみえる実利的貢献を期待するようになってきたことなどが背景にある。アメリカの

　トランプ大統領は地球温暖化を無視し，イギリスでは EU 離脱支持者は 6 割強しか科学者を信じていないという調査もある（離脱支持者以外は 8 割強）[1]。

　学術研究が社会とのコミュニケーションを重視し，科学および科学者が国民の信頼を得られるよう，高等研究機関が積極的に努力しなければならない時代が到来したのである。

---

1)　世論調査会社 YouGov ウェブサイト（https://yougov.co.uk/topics/politics/articles-reports/2017/02/17/leave-voters-are-less-likely-trust-any-experts-eve）。

第4章

中国

——世界水準と「中国の特色」——

澤 田 裕 子

中国人民大学人文・社会科学学術成果評価研究センターが入る文化大厦
（同センター廉文力氏撮影）

はじめに

　本章は中国の研究評価について述べる。はじめに，評価制度が導入された背景を大学の増加と科学技術の発展の側面からみていきたい。

　中国では高等教育の発展を促すため，1990年代から大学の拡張政策が実施されてきた。これにより就学の機会が増え，高等教育が一般の人々にも普及した。その反面，教育支出が増加し，教育の質の問題が重要な課題となった。そのため2000年以降，教育の質の評価と研究に関する政府および民間の組織がおかれるようになった。たとえば，教育部学位・大学院教育発展センターが設置され，学位授与資格をもつ大学院に対して，学位授与機関としての要件を満たしているかを評価し，認証するようになった。教育部高等教育評価センターは，すべての大学に対して教育評価を実施している。民間の大学評価機関が国内の大学ランキングを作成するようになり，学生が志望校を決める際などに参照するようになった。

　それとともに，政府は科学技術の発展を国家目標とし，人材の育成に力を入れるようになった。一部のトップ大学・学科に重点的に政府資金を投入する高等教育重点化政策が始まり，世界一流水準の大学の整備と中国の研究水準の引上げがめざされた。教育部やその他の政府機関が有望な大学・学科を選抜する評価を行い，競争的資金を傾斜配分している。また，優秀な人材の採用，契約の更新，昇進を目的として大学は教員の業績評価を行っている。1990年代以降，市場経済化とともに，業績評価の結果と人事制度との関係も強まってきた。

　2003年に上海交通大学の高等教育研究院が始めた世界大学学術ランキングをはじめ，イギリスのQS社やTHE社の世界大学ランキングは，中国の大学に対する国際的な評価を示す。留学生や外国人教員の獲得の面で国内での影響力が高まるにつれ，研究業績や数量的指標を偏重する傾向は，国内の評価制度にも反映されてきている。

　あわせて，研究評価では世界水準を満たすことを目標とすると同時に，国家政策を反映して，中国の特色ある人文・社会科学研究の重要性も強く意識されている。2007年10月，当時の胡錦涛国家主席は，中国共産党の第17回全国代表大会での報告で，社会主義イデオロギーを強化するため，人文・社会科学界の優れた成果や人材が世界で頭角を現すことができるよう，人文・社会科学の革新を進めると述べた。さらに，2012年11月の中国共産党の第18回全国代表大会の報告でも，同主席は中国の特色のある社会主義を発展させるため，自主イノベーション能力を向上させると述べている。2016年5月，習近平国家主席は主宰した「人文・社会科学研究に関するラウンドテーブル（哲学社会科学工作座談会）」で，中国の人文・社会科学を世界水準に引き上げるため，科学的で透明性の高い人文・社会科学の研究成果の評価システムを構築し，優秀な研究成果の産出を促すよう求めた（王佳寧2016）。また，同年12月，習近平国家主席を長とする，「改革の全面的な進化を進める指導グループ（中央全面深化改革領導小組）」による第31回会議で，「中国の特色ある人文・社会科学の構築を促進することに関する意見」が審議され，国家方針として採択されている（張樵蘇2016）。

　本章では，中国の評価制度のいくつかのうち，高等教育重点化政策のもとに実施されてきた大学助成プロジェクトと教員の業績評価に焦点を当てる。本章の構成は以下のとおりである。第1節では，まず高等教育重点化政策をとりあげ，世界水準の大学をめざす大学助成プロジェクトのいくつかを紹介する。第2節では，大学の研究水準を支える教員の業績評価制度についてふれる。第3節では，業績評価制度のなかでとくに評価指標に注目し，大学の事例および政府の方針を概観する。さらに給与制度との関連づけ，業績向上を目的とした奨励制度に関する事例をみていく。また，人文・社会科学研究成果の産出情況と研究評価に対する大学教員へのアンケート結果についても考察する。第4節では，ジャーナル論文の評価指標のもととなる学術ジャーナル評価に焦点を当てる。

第1節　高等教育重点化政策

　世界水準の大学をめざす助成プロジェクトとしては，1990年半ばから「211プロジェクト」「985プロジェクト」「111プロジェクト」等が進められ，2015年からは「一流大学・一流学科（双一流）」が始まっている。教育部ウェブサイトの2018年教育統計データ「高等教育学校（機構）数」によると，中国の普通高等教育機関2663校のうち，中央省庁が管轄する大学は119校，地方政府が管轄する大学は2544校で，それぞれ4%，96%にあたる（教育部 2019）。プロジェクト指定校として重点的に予算を配分されているのは中央省庁が管轄する大学で，とくに教育部直属大学の75校が中心となっている[1]。本節では，できるだけ速やかに研究水準を世界トップレベルに引き上げ，優秀な人材を育成することを目的として，少数の重点大学に対して多くの政府資金が投入されてきた状況を概観する。

1-1.　大学重点化と研究水準の向上
　1949年に中華人民共和国が成立して以来，中央政府の指導者は，国民経済の発展戦略の重点を科学と教育においてきた。計画経済体制下の中国では，国民経済の成長と社会の発展を図るため，国家レベルの科学技術発展計画や科学技術計画を通じて，大学や公的研究機関の施設・設備，および情報基盤の整備が進められてきた。
　政府が掲げるこれらの目標を実現するため，1950年代から高等教育重点化政策が実施されている。大学の重点化については，1954年に「重点大学と専門家の業務範囲についての決議」によって，中国人民大学，北京大学，清華大学，ハルピン工業大学，北京農業大学，北京医学院が重点大学に指定

---

1)　中華人民共和国教育部　http://www.moe.gov.cn/jyb_zzjg/moe_347/201708/t20170828_312562.html（2020年2月4日アクセス）

されたのが最初である（張陽 2016）。インフラ建設，国防，農業など国家建設にかかわる大学が重点大学に指定され，その多くは中央省庁が所管した。当初，重点大学は必ずしも教育，研究レベルが高いわけではなく，卒業生は就職にあたって全国に配分されたため，都市部出身者からは敬遠されていた（劉 2013）。その後，科学技術をめぐる国際競争力を高めようと，世界一流水準の大学の整備と研究水準の向上がめざされるようになり，重点大学が支援の中心となった。大学への資金配分の際には，基本的に，中央省庁が管轄する大学の教育経費は中央政府が負担し，地方政府が管轄する大学の経費は地方政府が負担する仕組みとなっている（陳武元 2005）。

1-2. 211 プロジェクト，985 プロジェクト，111 プロジェクト

1990 年代以降，少数のトップ大学に対する資金の投入が相次いで実施されてきた。大規模プロジェクトの最初は「211 プロジェクト」である。1993 年の教育部「中国教育改革発展綱要」を基本方針として，国家教育委員会は「高等教育機関および重点学科の整備に関する若干の意見」を公布した（教育部 2008）。そこで，21 世紀に向けて大学約 100 校を重点的に支援することが決定された（中国総合研究センター 2010）。1994 年には教育政策について議論し，意思決定を行う「全国教育工作会議」が開催され，「21」と「100」という数字を組み合わせた「211 プロジェクト」が始まった。1996 〜 2011 年に助成対象となった大学 112 校のうち，69 校は教育部直属大学であった。

さらに 1998 年 5 月，北京大学百周年を機に当時の江沢民国家主席が，「中国の現代化を実現するために世界先進水準の一流大学が必要である」と提言した。これを受けて教育部は「21 世紀に向けた教育振興行動計画」を策定し，1999 年に国務院の承認を得て，教育経費の増額を決定した（教育部 1998，中国総合研究センター 2010）。「98」年「5」月から数字をとって「985 プロジェクト」と呼ばれている。「211 プロジェクト」の対象校のうち，著名な大学や世界のトップレベルに近い条件をそなえている有望な学科に対して，選択的に資金が配分された。1999 〜 2011 年まで，少数のトップ大学 39 校（うち

32校は教育部直属大学）に対して、「211プロジェクト」助成金に加えてさらに資金が投入された。

　また2005年9月、教育部・国家外国専門家局は「大学学科イノベーション・インテリジェンス導入プロジェクト『第11次5カ年計画』に関する通知」を公表した（教育部2005）。これは、世界の上位「100校」にランキングされる著名大学および研究機関から、各分野の「1000人以上」の一流科学者を招聘し、国際的な共同研究拠点を約「100カ所」設置するプロジェクトである（中国総合研究センター2010）。海外から一流の研究者を招聘し、中国の優秀な研究者と共同研究チームを形成することで、研究水準の向上をめざした。それぞれの「1」をとって「111プロジェクト」（または「111計画」）と称される。実施方法は、2006年8月に公布された「大学学科イノベーション・インテリジェンス導入プロジェクト管理マニュアル」に基づく（教育部2006）。中国総合研究センター（2010）によると、2006〜2008年にかけて、「211プロジェクト」と「985プロジェクト」に指定された大学の学科を優先して、117学科が助成対象に選ばれた。教育部直属大学の北京大学や清華大学のように、同じ大学で複数の学科が選ばれた例もある。

　「111プロジェクト」はその後も継続して行われており、2011年、2013〜2018年度まで対象学科が公表されている。近年は、地方の有力大学の学科も重視されるようになった。管理マニュアルは2016年11月に改訂されている（教育部2016）。

1-3.　双一流

　「双一流」は、高等教育大国から高等教育強国への成長を主眼に導入された。2015年8月には、習近平国家主席を長とする、「改革の全面的な深化を進める指導グループ（中央全面深化改革領導小租）」の第15回会議で、「世界一流大学・一流学科（双一流）構築の統一的推進のための全体計画」が審議され、採択された（陳剣2015）。2017年1月の教育部・財政部・国家発展改革委員会が定めた「世界一流大学・一流学科構築の統一的推進のための実施ガイド

ライン（暫定施行）」によって，選考条件，選考プロセス，助成方式，管理方式，実施方法などが具体的に規定された（教育部 2017b）。選考プロセスにおいては，政府の関連部門，高等教育機関，科学研究機構，業界組織などをメンバーとする専門家委員会が設置され，そこで作成された認定基準をもとに採択候補案が策定される。候補となった大学は，教育部，財政部，国家発展改革委員会に認定された後，整備計画を策定し，専門家にその合理性，実行可能性の検証を委託して，報告しなければならない。その後，大学の建設計画と専門家の検証報告書は，大学を管轄する地方政府または中央省庁によって審査され，さらに教育部，財政部，国家発展委員会の審査を経て，最終的に国務院が決定する（大学改革支援・学位授与機構 2017）。

　2017 年 9 月に「双一流」の指定大学・学科のリストが公表され，一流大学の助成対象に大学 42 校が指定された（教育部 2017a）。一流学科の助成に指定された大学は合計 95 校で，その中には，教育部直属の重点大学である北京伝媒大学のように，複数の分野を一流にすることをめざす大学もある。また，吉林省が管轄する重点大学，延辺大学の外国語言文学など，専門委員会の基準を満たした上で，大学が自選して認定された例もある。5 年ごとに審査が行われ，業績によって継続の可否が決まり，新規の採択もある（大学改革支援・学位授与機構 2017）。

　「双一流」の大学に対する助成に指定された大学 42 校をみると，すべてが「211 プロジェクト」指定校でもあり，うち 39 校は「985 プロジェクト」指定校と重なっている。一方，学科が助成対象となった大学 95 校のうち，「211 プロジェクト」指定校でもある大学は 68 校で，「985 プロジェクト」指定校は含まれていなかった。「111 プロジェクト」の最近の傾向と同様，「双一流」の学科に対する助成では，対象大学の枠が広がったといえる。一部の有力な大学を世界一流水準に引き上げると同時に，中国の高等教育全体の水準を押し上げたい政府のねらいがみえる。ただし，助成対象の門戸を広げた結果，助成金を獲得しようとする大学間の競争をさらに促す一因となった。「双一流」指定大学は全高等教育機関の 16%，「双一流」に指定された学科を持つ

大学は 36% にあたる。いずれかに指定されることで助成金が得られるうえ，大学の名声も上がり，質の高い学生や教員が集まる。「双一流」の指定が，大学の財政資源の豊かさと，研究人材の雇用と相関関係にあることは，馬浚鋒・羅志敏（2018）が検証している。各大学は助成対象として採択されるために，これまで以上に優秀な教員陣をそろえる必要がある。

第 2 節　教員の研究業績評価

教員の研究業績は，各大学の研究水準を決定する要素としてより重要になっている。本節では，教員の研究業績に対する評価制度について概要を述べる。

2-1. 業績評価制度の導入

1979 年，教育部は「大学教員の職責および評価に関する暫定規定」を公布し，教授，副教授，講師，助手という 4 つの役職の職責をふまえ，政治思想，業務能力および業務成績の 3 つの評価項目に基準を設けた。具体的に評価対象となるのは，政治思想等の評価では政治思想と道徳，業務態度である。業務能力の評価では教育・研究業務の水準と創造力，業務成績の評価では教育・研究プロジェクト成果が，評価対象となる。とくに研究業務の能力では，研究活動の水準と能力，共同研究課題への貢献度，ジャーナル論文や報告書の作成などが評価のポイントである（中国総合研究センター 2010）。

梅愛氷・張紅梅（2014）によると，教員に対する業績評価は，年度評価と雇用期間評価のふたつが連動した形で実施され，教員の職責と採用時の契約をもとに評価内容が設定される。また，1981 年には，教育部から「大学教員の業務量制度の試行に関する通知」が公布され，多くの大学が教員に対して達成すべき論文の数を基準として示し，定量的に評価を行うようになった（斉晶晶 2009）。

　1994 年に施行された「教員法」は，教員の待遇や権利，資質などを規定したものだ。これによると，教員に対する評価は大学が行い，教育行政部門は各大学の評価の実施を指導，監督する役割を担う。さらに，教員の自己評価，同僚の教員や学生の意見も材料とし，評価結果を，雇用，昇進，賞罰等に反映するよう規定している（中国総合研究センター 2010）。

　教員の業績評価に政治思想が含まれるのは，中国特有の政治的背景のためである。習近平国家主席は，2019 年 3 月に北京で実施された教員向けの「思想および政治理論に関するラウンドテーブル（学校思想政治理論科教師座談会）」を主宰し，思想および政治理論の授業を受け持つ大学・高校・中学・小学校の教員に対して，中国共産党の教育方針に全面的に従うよう講話した（陳 2019）。共産党員であるかどうかはもちろん，共産党の人事管理システムで使用される個人ファイルである人事档案に記録されている政治教育活動も重要な評価指標のひとつとなっていると考えられる。

2-2.　人事制度・評価方法の多様化

　教員の積極性と創造性を高めるため，各大学の人事制度や評価方法は多様化している。海外の人事制度を取り入れてテニュアトラック制を導入したり，教員の留学を奨励し，経験によって国際コース・国内コースに分かれた給与制度を導入したり，国際的競争力を高めるための独自の評価制度の構築も進んでいる（山鳴峰・袁義・馬君 2018）。大学はこのような制度を用いて優秀な人材を確保し，研究水準を高めようとしており，教員の業績評価もいっそう重要さを増している。

　業績評価の方法も電子化され，井上（2019）の報告では，教員はまず大学独自のオンラインシステム，またはデータファイルに業績を記入して，業績報告を行っている。その後，大学や学部の研究協力担当課，教務担当課，人事担当課等の担当事務部門は，提出された業績データをもとに評価を行い，教員に結果を通知する（井上 2019）。

　教員ポストについては，一般に教育研究型，教育型，研究型に分類され，

各大学はそれぞれに評価項目を設定して，業績を評価している。井上（2019）によると，大半の教員が大学側と本人の意思によって教育研究型ポストについているが，一部，教育または研究に専念するポストに異動される教員もいる。

第3節　教員の業績評価の実態

本節では，教員の業績評価について具体的にみていく。さらに，業績評価と給与制度との関連づけ，業績向上のための奨励制度の作用についても述べる。また，これらの評価体制が研究水準の向上に及ぼしている影響について，統計データと教員アンケートを参照する。

3-1.　評価指標の具体例

1990 年代以降，中国が計画経済体制から市場経済体制に移行するに伴い，業績評価と雇用，昇格，給与収入の関係がよりいっそう強まった。2000 年以降，各大学で教員の雇用制度の改革が進み，企業の業績管理の理念と方法が，教員評価にも導入されるようになった（耿益群 2017）。しかし，耿益群は，長期的な蓄積を重視する教育分野に企業管理の評価方法が適切かどうかは疑問だとしている。

本項では，教員の業績評価に使われる評価指標がどのようなものかについて，A大学，上海外国語大学のケースを参照し，あわせて業績評価に関する教育部の方針についても紹介する。

（1）A大学のケース

まず，耿益群（2017）に紹介されている A 大学を参考に教員の業績評価の実態をみてみたい。耿によると，A 大学は教育部直属の重点大学であり，中国でもトップレベルの研究型大学である。A 大学の業績評価の目的は，教員陣の育成，教員の業績の客観的評価，教育・研究業務全体の水準の向上，大

学運営の質と効果の向上である。

　A大学では，おもに教員ポストの職責に基づいた業績に重点をおいて評価されている。評価のために各部門からの3〜7人の評価チームが形成され，チーム長が責任者となる。評価手順は，まず評価の要点と方法を教員に説明したのち，教員が報告書を作成し，評価表に記入する。つぎに評価チームの委員がそれぞれ報告を行い，それらをとりまとめて，総合的な評価を行う。最後に，人事部門に結果を報告し，教員本人にも報告する（耿益群 2017）。業績評価は年に一度行われ，結果は，優秀，良好，合格，不合格の4段階に区分され，合格の基準を設定することによって，教員がその基準を満たすよう促している。さらに評価の結果は，教員の給与と待遇，報奨に関連づけられている。

　耿益群（2017）に掲載されているA大学教員評価条例の研究成果の計算指標をみてみたい（表4-1）。掲載されていた評価項目から，論文，図書，研究プロジェクトの一部分を抜粋した。まず，論文の評価内容をみると，学内手当奨励論文として「文系A類」との記載があり，配点が記載されている。つまり，A大学が基準を設定した学術ジャーナルに論文を発表すれば，これだけの評価が得られるということである。著名な学術ジャーナルの評価を発表論文の質を担保するものとみなして，大学が独自に基準を設定し，評価点をつけている。中国語のジャーナルの場合，基準のもとになっているのは，専門の学術評価機関等による学術ジャーナル評価の結果である。学術ジャーナル評価の概要については，第4節の第1項で述べる。

　A大学の例では，論文の「文系A類」であれば150点，「文系C類」であれば40点が加算される。つぎに，図書の項目で，専門書は1万字につき8点，編著または翻訳書は6点と配点されている。たとえば，国内の社会科学分野のコアジャーナル，『中国社会科学』（中国社会科学出版社）の投稿規定では，研究論文等は1.5万字から2万字とされている。約2万字の論文と比較すると，図書の場合は2万字執筆しても16点にしかならず，単著1冊の労力が評価にあまり見合わないであろうことがうかがえる。さらに研究プロジェクトの

表 4-1　A 大学教員評価条例の研究成果の計算指標（抜粋）

評価項目	評価内容	評価点
論文	学内手当奨励論文（*Science, Nature*）	1 本につき 1000 点
	学内手当奨励論文（文系 A 類）	1 本につき 150 点
	学内手当論文（理系 B 類すなわち SCI ジャーナル）	1 本につき 100 点
	学内手当奨励論文（理系 C 類）	1 本につき 60 点
	学内手当論文（文系 C 類）	1 本につき 40 点
	研究コンサルティング報告（対国家機関，省政府部門）	1 本につき 70 点
	そのほか正式に出版された学術ジャーナル	1 本につき 15 点
	学術会議論文	1 本につき 10 点
図書	専門書	1 万字につき 8 点
	編著，翻訳書	1 万字につき 6 点
研究プロジェクト（文系）	校内手当プロジェクト A 級	当年経費 1 万元につき 60 点
	校内手当プロジェクト B 級	当年経費 1 万元につき 50 点
	校内手当プロジェクト C 級	当年経費 1 万元につき 40 点
	校内手当プロジェクト D 級	当年経費 1 万元につき 30 点
研究プロジェクト（理系）	校内手当プロジェクト A 級	当年経費 1 万元につき 30 点
	校内手当プロジェクト B 級	当年経費 1 万元につき 25 点
	校内手当プロジェクト C 級	当年経費 1 万元につき 20 点

（出所）　耿益群（2017，表 4-3）抜粋。

項目では，当年経費 1 万元（約 14.8 万円相当）ごとの配点が記載されている。文系と理系によって，経費の規模がちがうという事情も配点に反映されている。A 大学は，理系では *Science* や *Nature* を高く評価しているが，文系では国際的トップジャーナルを挙げていない。ただし，評価対象の中心が論文であることはみてとれる。

表 4-2　上海外国語大学の教員教育研究業務の評価指標システム（抜粋）

	評価対象		参考点
図書	単著		1 万字につき 10 点
研究成果	論文	国外および香港・マカオ・台湾地区で出版された SCI/SSCI/ EI/A&HCI ジャーナル	1 本につき 80 点
		『中国社会科学』	1 本につき 100 点
		CSSCI/CSSCI 拡張版ジャーナル	1 本につき 20 ～ 30 点
		CSSCI には未収録だが『中国語コアジャーナル要目総覧（北京大学版）』収録ジャーナル	1 本につき 15 点
		国際学術会議論文集	1 本につき 15 点
		国内学術会議論文集	1 本につき 10 点
		『新華文摘』，『中国社会科学文摘』，『高等学校文系学術文摘』，『複印報刊資料』	さらに 10 ～ 15 点追加

（出所）　上海外国語大学ウェブサイト「上海外国語大学教師教学科研工作評価指標体系（試行）」抜粋。http://info.shisu.edu.cn/07/78/c115a1912/page.htm（2019 年 1 月 30 日アクセス）

（2）上海外国語大学のケース

　また別の評価指標の例として，ウェブで公開されている，上海外国語大学の「教員教育研究業務評価指標システム（試行）」を参照したい（表 4-2）。上海外国語大学は，上海市と教育部が共同で管理する重点大学である。図書については，1 万字につき 10 点と，論文に比べて配点が少ない。論文部分で注目すべきは，国内の『中国社会科学』の方が，SSCI や A&HCI ジャーナルよりも配点が高いことである。上海外国語大学の例では，人文・社会科学分野においては，国内ジャーナルが比較的高く評価されていることがうかがえる。また，南京大学が作成しているデータベースである CSSCI や北京大学が作成している『中国語コアジャーナル要目総覧（中文核心期刊要目総覧。以下，『要目総覧』)』が，論文の掲載ジャーナルの収録先として挙げられている。実際に評価のポイントとなるのは，CSSCI ジャーナル，または『要目総覧』が収録する学術ジャーナルに，評価される教員の論文が掲載されたかどうかである。これらの引用索引データベースや雑誌目録に収録されることで，学術ジャーナルの学術的質が担保され，それが論文の配点に反映されている。

また，『新華文摘』（新華文摘社），『中国社会科学文摘』（中国社会科学出版社），『高等学校文系学術文摘』（高等学校文科学術文摘雑誌社），『複印報刊資料』（中国人民大学書報資料社）のような文摘類に転載されると，さらに 10 〜 15 点が加算される。文摘類は，中国の各分野の学術ジャーナルに掲載された論文を専門家によるレビューを経て，抄録，または全文を転載している資料である。

　中国では，各大学がそれぞれ論文の掲載先となる学術ジャーナルをランクづけして基準を設定している。設定の際には学術ジャーナルの質が重要となるが，引用索引データベースの採録対象ジャーナルやコアジャーナルの目録，文摘類を選定の根拠として利用している。これらのツールを利用することで，効率的でより客観的な評価を行うことができていると考えられる。その背景にはやはり，論文を主要な研究成果とした中国の評価体制がみうけられる。

　(3) 教育部の方針

　教育部は，評価制度の統制をとるため，2016 年 8 月に「大学教員評価に対する評価制度改革の深化に関する指導意見」を公布した（教育部 2016）。政府は大学に対して，教育業務，研究業務，社会サービスなど，大学が担うべき役割を達成するための教育評価へと改革を促している。

　2017 年 9 月，教育部は，大学教員の業績評価を改革した模範大学 40 校のリストを発表した（教育部 2017）。模範大学の選定においては，大学による自己評価，地方政府の教育行政部門による選定と推薦，および教育部による専門家審査と承認をもとに，各大学の改革状況が審査された。第 1 位は，人文・社会科学研究を主とする重点大学の中国人民大学であった。2011 年に中国人民大学が公布した「教員研究業務評価ガイドライン」の評価基準と方法が明確で簡潔なこと，教育研究型，研究型，教育型の教員ごとに評価基準を設けていること，評価が柔軟で，学術分野の特性を考慮していること，そして，研究評価の管理主体を学部に移したことが高評を得た（『中国教育報』2012）。

　当時の中国人民大学副学長，馮恵玲教授によると，中国人民大学は，研究

評価のふたつの特徴が大学の学術活動を制限し，弊害をもたらしていると考えた。ひとつは定量評価であること，もうひとつは実施主体が学問分野の専門家ではなく，管理部門であることであった。評価制度の改革に際し，中国人民大学は，教員と学術活動の自律性を重視することで，学術的イノベーションと研究業績の質の向上をめざすようになった（馮恵玲 2012）。

　たとえば，従来規定されていた学術ジャーナルのＡ，Ｂ，Ｃ等級分類をとりやめ，評価基準として，発表論文の本数を柱に据えるようになった。教育研究型の教員の場合，新たなガイドラインが規定する基本リストに掲載された学術ジャーナル，またはそれらと同等の学術ジャーナルに，教授であれば毎年1本，副教授1級であれば雇用されて4年以内に3本，副教授2級または3級であれば，雇用期間内に2本の論文を発表するように変更した。また，学部の研究管理に対する権限を拡大し，大学と学部の両方で評価を行うシステムを形成した。

　中国人民大学の例のように，一部の大学では，評価制度の改善が行われている。しかし，多くの大学は依然として教員の業績評価に数量的指標を採用しており，教員は，指標化された目標を短期間で達成せざるを得ない競争的環境におかれていると考えられる。

3-2. 教員へのインセンティブ

　大学教員の給与制度は，以前は就業年数，学歴，役職と職責等に応じた基準に基づき，業績とは連動していなかった。現在は，教員の業績評価の結果と給与との関係は強まり，教員により強いインセンティブを与えている（鄭宝 2013，張新姫 2018）。

（1）奨励制度の導入

　2005 年に成立し，2018 年に修訂された「公務員法」第 12 章は，給与，福利および保険について規定している。これによると，教員を含む公務員の給与には，給料（基本給），手当と補助金，そして賞与が含まれる。手当は地域手当や職責手当，補助金は住宅や医療に対する補助で，賞与は年度評価に

よる特別ボーナスで，基準はその年の 12 月の基本給とされる。邢景麗・杜子芳・謝邦昌（2015）によると，公務員の給与のうち，基本給は約 20 〜 40%，手当，補助金は約 60 〜 80% を占める。

　また，給与制度とは別に奨励制度を導入し，教員により直接的なインセンティブを与えている大学もある。奨励制度には，奨励金または研究経費による奨励と，業績評価との関連づけによる学術的奨励の 2 通りある。教員は，給与を補完する制度として奨励制度を受け入れていると考えられる。ジャーナル論文に対する奨励は，1990 年に同済大学で SCI ジャーナルへの論文発表に 1 万元（約 14.8 万円相当）の奨励金を支給したのが最初であった（許心・蔣凱 2018）。同済大学は，教育部と上海市が共同で設立した理系の重点大学である。

　許心と蔣凱は，また，人文・社会科学の国際的なトップジャーナルへの論文発表およびその奨励制度について考察している。それによると，より多くの大学で，国際的な成果発表を研究評価の重要な指標として示すようになっている。しかし許心と蔣凱は，人文・社会科学における中国の特色と国際化のバランスをとるべきだとも指摘している。

（2）奨励制度の事例

　つぎに，具体例として，ウェブで公開されている上海交通大学と西南交通大学の奨励制度を紹介したい（表 4-3，表 4-4）。上海交通大学は教育部直属の重点大学で，西南交通大学は，教育部と四川省の成都市が共同で管理する重点大学である。まず，2015 年に施行された「上海交通大学人文・社会科学学術奨励ガイドライン」を参照したい。ここでは論文部分のみ抜粋した。論文の収録先として，人文・社会科学分野の学術ジャーナルは A 〜 D 類に分かれ，そのうち，A 類はさらに 3 等級に，B 類は 2 等級に区分され，全部で 7 区分となっている。それぞれ対象となるジャーナルと奨励金の額が明記されており，A 類，B 類には全額の 50% ずつを奨励金とプロジェクト経費で，C 類，D 類には奨励金が支給される。また，2016 年に施行された「西南交通大学人文・社会科学学術奨励ガイドライン」によると，ジャーナルは A

〜 D 級に区分され，ジャーナル名と奨励金が規定されている。A 級，B 級，C 級は，50% ずつ奨励金とプロジェクト経費で支給され，D 級は全額奨励金で支給される。

　上海交通大学と西南交通大学の例でも，国内の『中国社会科学』には，国際的トップジャーナルを上回る学術的評価が与えられている様子がうかがえた。論文のほか，研究プロジェクトの採択なども奨励の対象になっているが，

表 4-3　上海交通大学の人文・社会科学分野の学術ジャーナルの等級と学術奨励ガイドライン

等級	論文収録先	奨励金
A 類 1 等級	『中国社会科学』	2 万元
A 類 2 等級	SSCI，A&HCI ジャーナル，または『中国社会科学』英語版	1 万元
A 類 3 等級	『管理世界』，『経済研究』等 17 誌と『新華文摘』	0.8 万元
B 類 1 等級	『法学研究』，『中国人口科学』等 22 誌	0.6 万元
B 類 2 等級	『国際問題研究』，『中国農村経済』等 23 誌	0.4 万元
C 類	『中国社会科学文摘』，『高等学校文系学術文摘』，『中国人民大学複印報刊資料』，『上海交通大学学報（哲学社会科学版）』	0.2 万元
D 類	A，B，C 類以外の CSSCI ジャーナル（ただし CSSCI 拡張版は含まない）	0.1 万元

（出所）　上海交通大学ウェブサイト「上海交通大学文科学術期刊分級辨法」「上海交通大学文科学術激励辨法」抜粋。http://wk.sjtu.edu.cn/info/1080/3273.htm（2019 年 2 月 2 日アクセス）

表 4-4　西南交通大学の人文・社会科学分野の学術奨励ガイドライン

等級	論文収録先	奨励金
A 級	『中国社会科学』	3 万元
B 級	SSCI，A&HCI ジャーナル，『新華文摘』（全文転載），『中国社会科学』英語版	1 万元
C 級	『中国社会科学文摘』，『高等学校文系学術文摘』，『中国人民大学複印報刊資料』，『光明日報（理論版）』（1500 字以上），『人民日報（理論版）』（1500 字以上），および各人文・社会科学研究機関が権威として認識しているジャーナル	0.8 万元
D 級	先述以外の CSSCI ジャーナル，および『四川日報（理論版）』（2000 字以上）	0.08 万元

（出所）　西南交通大学ウェブサイト「西南交通大学文科学術激励辨法」抜粋。https://wkjsc.swjtu.edu.cn/info/1024/2023.htm（2019 年 2 月 2 日アクセス）

先にみた評価指標項目と同様，いずれの制度にも図書は奨励対象として含まれていない。評価の中心はやはりジャーナル論文であり，人文・社会科学研究においては，中国語での成果発表も十分評価される状況にあるといえる。また，奨励制度の事例からも，専門の学術評価機関等が作成している学術ジャーナル評価が，各大学が独自に作成する基準のもとになっていることがみてとれた。

　教員にインセンティブが与えられる一方，井上（2019）によると，役職ごとに最低限達成すべき任務量が基準として定められており，これを達成できない場合には，大学によっては，賞与の削減，降格，事務職への配置換え，辞職勧告，博士課程の学生の受入れ枠の削減などのペナルティが課せられることがある。猶予期間中に所定の業績をおさめることによって，厳しいペナルティを回避することもできるというが，教員への圧力が生じていることは明らかである。

3-3. 人文・社会科学研究の成果

　教育部は，高等教育重点化政策による政府資金をめぐる大学間の競争が，研究を活性化し，研究成果の量と質の向上に貢献することを期待している。

　2010年以降の大学による人文・社会科学分野の研究成果数の変遷をみると，ジャーナル論文は奨励金によって奨励されているにもかかわらず，軒並み横ばいであることがわかる（表4-5）。ただし，ジャーナル総数も増加が抑制されている。その背景には，つぎの第4節第2項で述べるように，政府による助成金によって学術ジャーナルの編集，出版環境が整備され，質の悪いジャーナルが淘汰されたことがある（朱剣・王文軍 2017）。朱剣・王文軍（2017）は，さらに，学術ジャーナルの質が向上し，被引用件数が増加したと分析している。また，図書は下降気味であることがみてとれ，業績評価の評価点が低いことが影響していると考えられる。姜彤彤（2016）は，教育部直属大学の人文・社会科学分野の研究成果について，『全国高校社科統計資料匯編』2001年版から2013年版のデータをもとに分析している。姜は，多くの大学

がジャーナル論文を重視するため，とくに図書の出版が伸びないと指摘している。評価体制に合わせたかたちで研究成果が産出される傾向は，憂慮すべきである。一方，人文・社会科学研究に対する研究開発費の伸びは顕著で，研究者数と研究プロジェクト数も増えている。

3-4. 教員アンケートの結果

つぎに，業績評価を受ける側の教員が，評価をどう受け止めているかを知るために，いくつかのアンケート結果を参照したい。ただし，これらのアンケートは人文・社会科学に限ってはいない。

（1）業績評価の効果

耿益群（2017）は，ネットアンケート，電話調査，ソーシャルネットワークなど多様な方法を通じて，研究型大学10校の教員にアンケート調査を行っ

表4-5　大学による人文・社会科学の研究成果，研究者，研究開発費，研究プロジェクトの量的変遷

（単位：各項目参照）

	2010	2011	2012	2013	2014	2015	2016	2017
図書（冊）	26,230	26,382	26,700	26,373	27,522	30,023	15,328	17,584
ジャーナル論文（本）	318,038	323,153	320,638	318,544	322,274	349,938	349,720	350,769
研究・コンサルティング報告（本）	6,464	8,166	8,878	9,486	10,659	13,596	14,810	17,749
ジャーナル総数（種）	2,466	1,837	2,559	2,577	2,618	2,635	2,664	2,676
研究開発費（支出）（万元）	643,586	812,431	930,313	998,902	1,080,130	1,229,774	1,336,595	1,618,681
研究者数（人）	440,506	457,664	482,050	501,198	529,592	628,959	695,391	731,023
研究プロジェクト数（件）	193,383	260,905	291,606	313,461	345,119	390,794	412,649	450,028

（出所）　中国高校人文・社会科学信息網（https://www.sinoss.net/tongji/），中華人民共和国国家新聞出版広電総局（http://www.sapprft.gov.cn/sapprft/govpublic/6677.shtml），『中国期刊年鑑』（中国期刊年鑑雑誌社）各年版。（2019年2月5日アクセス）

た。有効回答203件についてデータ分析を行い，さらに幾人かにインタビューを行っている。アンケートの回答者は，20歳代から60歳代後半の男性106名，女性97名で，博士学位取得者が153名，修士学位取得者が42名だった。現在の役職は教授47名，副教授95名，講師52名，助手9名である。

　まず評価の目的として，①大学管理の効率化，②教育の質向上，③研究の質向上，③教員の成長の4点を挙げ，非常に同意する，比較的同意する，不確定，同意しない，非常に同意しない，の5択で意見を聞いた。その結果，非常に同意する，または比較的同意すると回答した割合は，それぞれ①49.26%，②40.4%，③60.1%，④35.47%だった。業績評価の目的として，③研究の質の向上を肯定する割合は，選択肢のなかでは比較的高かった。

　つぎに，井上（2019）は，「双一流」で指定された大学6校，「双一流」学科の助成に指定された大学2校，そのほかの大学7校に所属する教員15名に対して業績評価の実施状況についてインタビューまたはアンケート調査を行った。対象者の役職は，教授8名，副教授5名，講師が2名である。調査結果から，教員評価制度改革に積極的に取り組んでいる大学の教員を中心に，所属大学の論文の数と質が向上したと感じていることがわかった。

　(2)　業績評価の課題

　劉国艶と曹如軍は，広東管理科学院の武書連研究員による中国国内の大学ランキング『中国大学評価』[2]の上位の大学3校の教員232人に対してアンケートを実施し，215件の有効回答を得て，その結果を分析した。それによると，評価制度に対して51.8%の教員が圧力を感じると表明していることがわかった。同時に，48.1%の教員は，現行の評価制度に不満を表明している（劉国艶・曹如軍 2017）。

---

2)　中国国内の大学ランキングとしては，ほかに艾瑞深中国校友会網「中国大学ランキング」（http://www.cuaa.net/)，網大「中国大学ランキング」（http://www.netbig.com/）があるが，『中国大学評価』の影響力が最も大きい（張陽 2016）。1993年に出版された『中国大学評価1991』が，国内最初の総合的評価報告。報告書の主宰者である，広東管理学研究院の武書連研究員の名前が，本大学ランキングの代名詞となっている。（2019年8月29日アクセス）

　その第一の原因として，業績評価の主体が管理部門であることが挙げられる。耿によると，大学の人事部門が大学・学部の教員の業績評価を全学的に行っているため，評価制度の実施と策定は一種のトップダウンとなっている。これにより，管理部門の公的機関としての行政的意向が強く反映され，評価過程に透明性を欠く結果となっている（劉国艶・曹如軍 2017）。また，評価主体が分野の専門家ではないため，定量評価による発表論文数やジャーナルの等級が強調され，ピアレビューや教員の自己評価が軽視される傾向にある。あわせて，分野の特性を考慮せずに単一の評価指標を適用しており，教員の成長の妨げとなっている（耿益群 2017）。

　そのほか，井上（2019）によると，より高い水準の業績を求めて評価基準を引き上げることが，教員のモチベーションを逆に低下させている。また，研究業務の偏重によって教育，管理運営，社会サービスに負の影響がでている（井上 2019）。

　政府が意図する重点化政策の効果は，政府資金をめぐる競争によって研究を活性化させ，研究成果に反映させることであった。しかし，大学は助成プロジェクトに採択されるための短期的な研究成果を教員に求めるようになっている。先にみた業績評価の課題は，政策がもたらした意図せざる負の結果ともいえる。

第4節　研究評価を支える学術ジャーナル評価

　ジャーナル論文が，教員の業績評価のおもな対象となっていることはこれまでみてきたとおりである。本節では，学術ジャーナルの評価を実施し，編集・出版の基盤を整備している学術評価機関に目を向ける。

4-1．学術ジャーナル評価
　評価指標の具体例でみたように，中国では，引用索引データベースの採録

対象ジャーナルやコアジャーナルの目録，文摘類が，教員の論文の質をはかる評価ツールとして利用されている。

　コアジャーナルや採録対象ジャーナルと呼ばれるジャーナルは，学術的質が高いジャーナル群として広く認識されている。学術ジャーナルの質を定量的，定性的に評価することを学術ジャーナル評価と呼び，専門の学術評価機関が実施している。コアジャーナルや採録対象ジャーナルの選定についてみていく。

　(1)　コアジャーナルの選定

　まず，コアジャーナルはいうまでもなく分野を代表する質の高い学術ジャーナルである。中国にコアジャーナルが登場したのは，1992年に北京大学図書館が蔵書として選定する際，国内で出版された学術ジャーナルに対して，論文掲載数，抄録数，被引用件数の3項目で定量評価を行ったのが最初とされる（劉国艶・曹如軍 2017）。その後，被索引採録数，被抄録採録数，被抄録採録率，インパクトファクター，被引用件数（自誌引用件数を除く）等が加わり，項目数は増えている（狩野 2016）。『要目総覧』を作成する際のコアジャーナルの選定は，北京大学図書館を中心に，中国科学院国家科学図書館，中国社会科学院文献情報センター，中国人民大学書報資料センター，中国学術ジャーナル（CD-ROM版）電子ジャーナル社，中国科学技術情報研究所，万方数据，国家図書館等，官民27機関が共同で実施している。これらの機関が提供する数量的指標による定量評価と多くの専門家による定性評価を組み合わせて，最終的にコアジャーナルが選定され，分野ごとのランキングが決定される。北京大学図書館はウェブサイトで，『要目総覧』は学術ジャーナルの発展と変化の動向に基づく研究成果であって，学術評価指標ではないと明言している。また，法的，行政的な効力や有効期間の決まりはなく，どのように使用するかは使用機関が自主的に決めるよう述べている [3]。

---

3)　北京大学図書館　https://www.lib.pku.edu.cn/portal/cn/bggk/dtjj/qikanyaomu（2020年2月
　4日アクセス）

（2）採録対象ジャーナルの選定

　つぎに，採録対象ジャーナルは，引用索引データベースを作成するために選定される。学術的質のほか，収録するジャーナルの対象分野や出版地が偏らないように考慮される。南京大学が作成する CSSCI の採録対象ジャーナルは「C 刊」と呼ばれ，国内でとくに評価が高い。中国版 SSCI の構築をめざして，1998 年より CSSCI の開発が始まり，1999 年に完成した。2000 年に設立した南京大学中国社会科学研究評価センターは，CSSCI の設計と企画を担い，あわせて CSSCI に採録する論文を収録する学術ジャーナルを選定している。選定には，定量評価と定性評価の双方が用いられ，定量評価としては，自誌引用を除くインパクトファクターと被引用件数が使用され，定性評価には，出版の規律の確認と専門家の意見聴取が行われている（狩野 2016）。CSSCI 採録対象ジャーナルの各情報は，中国社会科学研究評価センターのウェブサイトで公開されている。作成元は，CSSCI は中国の人文・社会科学の主要な文献と情報を照会するためのツールであるとしている。一方，学術ジャーナル評価，さらには学術的評価の定量的指標に使われることには否定的ではなく [4]，各使用機関の問題であると認識している（2017 年 2 月 28 日，南京大学中国社会科学研究評価センターでの聞き取りによる）。

4-2.　学術評価機関の紹介

　ここでは，中国の学術評価機関を代表する例として，中国社会科学院の中国社会科学評価研究院と中国人民大学の人文・社会科学学術成果評価研究センターを紹介する。

（1）中国社会科学院中国社会科学評価研究院 [5]

　中国社会科学院の中国社会科学評価研究院（以下，「評価研究院」）は，中

---

4)　南京大学中国社会科学研究評価中心　https://cssrac.nju.edu.cn/a/cpzx/zwshkxwsy/sjkjj/20160226/1141.html（2020 年 2 月 4 日アクセス）

5)　中国社会科学院中国社会科学評価研究院　http://www.cssn.cn/xspj/zxgk/zxjj/（2019 年 5 月 30 日アクセス）

国の人文・社会科学研究の評価システムの模範となる国家の研究機関である。2013 年 12 月に中国社会科学評価センターとして設立され、その後、2017 年 7 月に評価研究院に格上げされた。2014 年に『中国人文・社会科学ジャーナル評価報告』、2018 年に『中国人文・社会科学ジャーナル AMI 総合評価報告（以下、『AMI 総合評価報告』）』を刊行している。『AMI 総合評価報告』が選定した学術ジャーナルは、「A 刊」と称されている。国家の研究機関による学術ジャーナル評価として、今後さらに影響力が強まると考えられる。

『AMI 総合評価報告』2018 年版は、全国の出版社を管轄する新聞出版広電総局が 2014 年と 2017 年に公表した国内ジャーナルリストに対して、評価研究院が評価を行ったものである（中国社会科学評価研究院 2018）。『AMI 総合評価報告』2018 年版は、全国のテレビ、ラジオ、新聞、出版社を管轄する部門である新聞出版広電総局が、2014 年と 2017 年に発表した学術ジャーナルに対して評価を行ったものである（中国社会科学評価研究院 2018）。2018 年版では、中国で刊行された英語ジャーナルも対象となった。近年、中国の大学や出版社による英語ジャーナルの創刊が増加し、ジャーナル市場が急拡大しているという報告もある（Kulkarni 2017）。学術ジャーナル評価は、このような量的増加による質の低下を抑制する働きも担っている。

評価指標は大きく 3 つある。まず、学術ジャーナルが外部有識者等の関心を引きつける力（attraction power）である。具体的には、受賞の有無、ダウンロード数、ピアレビューなどである。さらに、編集・出版にかかる管理能力（management power）、学術的影響力（impact power）が設定されている（中国社会科学評価研究院 2018）。書名にある AMI はこれらの評価指標の英語訳の頭文字をとった造語である。

定量評価では、中国社会科学院の CHSSCD をはじめ、同方知網や万方数据等の商業データベース、SCI やスコーパス（Scopus）等の海外データベースが採録するジャーナルのインパクトファクターや収録論文の転載データなどが使われている。CHSSCD は、北京大学図書館のコアジャーナルの選定にも提供されている。さらに、定性評価を重視して「中国人文・社会科学ジャー

ナル評価専門家委員会」を組織し，ピアレビューを行っている（中国社会科学評価研究院 2018）。

　選定結果は，①中国の人文・社会科学を代表するトップジャーナル（頂級），②分野を代表するトップジャーナル（権威），③分野の研究水準を満たすコアジャーナル（核心），④分野の一定水準を満たすジャーナル（拡展），⑤今回の評価対象にはならなかったが，CHSSCD に収録されているジャーナルの 5 等級に分類された。それぞれ分野ごとにピンイン読み順にリスト化されてウェブサイトでも公表されている。評価研究院は，ジャーナル評価をとおして，中国の人文・社会科学の出版状況と最新動向を明らかにし，編集・出版部門に提言することで，学術ジャーナルの全体的な質の向上をめざしている（2018 年 11 月 27 日，評価研究院での聞き取りおよびウェブサイトによる）。

　（2）中国人民大学人文・社会科学学術成果評価研究センター[6]

　中国人民大学の複印報刊資料は，教員の業績評価や奨励制度でも指標として使われている。コアジャーナルや採録対象ジャーナルとは違う，論文の転載量からジャーナルの質をはかる学術ジャーナル評価について紹介したい。

　1958 年に中国人民大学の書報資料センターが設立され，人文・社会科学研究成果への評価に対する研究を強化するため，2008 年に人文・社会科学学術成果評価研究センター（以下，「評価研究センター」）が設立された。両センターにとって，ジャーナルの編集・出版と評価はふたつの重要な業務であるが，中国の研究水準の向上のため，ここ数年，評価業務が主となってきている。1958 年から刊行している複印報刊資料は，中国で公開出版されたジャーナルから，人文・社会科学の学術論文および関連する情報を選定し，転載している資料である。学内外の各分野の専門家と編集者が，分野ごとに論文を選定している。教員の発表論文に対する評価等で使われ，各大学で参照されている。

---

6)　中国人民大学人文・社会科学学術成果評価研究センター　https://www.rdfybk.com/（2019 年 5 月 30 日アクセス）

選定時の指標システムにおいては，ピアレビューが主で定量評価は従となっている。ピアレビューでは，対象となる論文の学術的革新性，論証の完全性，社会的価値，学術的価値，さらに研究プロジェクトとして助成を受けているかどうか，論文が掲載された学術ジャーナルがコアジャーナルかどうかについて，21点満点で評価している。それぞれの論文は，学術分野，論文の種類別にA（19〜21点），B（14〜18点），C（9〜13点），D（4〜8点），E（1〜3点）の5段階で評価され，その結果は，「論文の質評価システム」で一元的に管理されている。数量的指標には，ダウンロード数，被引用件数，被転載数が参照される。

書報資料センターは，学内外の専門家が選定して複印報刊資料に転載した論文に対し，2001年から毎年，転載率による掲載ジャーナルのランキングを公表している。転載率とは，おおまかに，ある学術ジャーナルから転載された論文の総数をジャーナルが発表した論文の総数で除したものである。

さらに，評価研究センターは2012年，転載にかかわるデータとピアレビューによる個別の論文に対するデータを組み合わせて，複印報刊資料の採録対象ジャーナルに対して，3年分の分析を行った。選定されたジャーナルは『複印報刊資料重要転載採録雑誌』に，ランクづけされずに，分野別にピンイン読み順に公表されている。

学術ジャーナル，研究機関，および研究者の学術的影響力を示す指標として，それぞれ，2015年に『複印報刊資料重要転載採録機構』，2016年に『複印報刊資料重要転載採録著者』，2018年に『複印報刊資料重要転載採録雑誌』の各最新版が出版され，ウェブでも公開されている。研究機関，ジャーナル出版社，研究管理部門などが，論文やジャーナルの評価，研究奨励や業績評価などを行う際に参考にしている。人文・社会科学研究の特性を重視した評価の重要性が高まっている今日，評価研究センターは，複印報刊資料の編集・出版によって蓄積された転載およびピアレビューのデータを活用して，研究評価に貢献することをめざしている（2018年11月28日，評価研究センターでの聞き取りおよびウェブサイトによる）。

4-3.　学術的信頼性の確立をめざして

　政府は，学術ジャーナル評価の対象となるジャーナル全体の底上げも行っ
てきた。学術ジャーナルの質の向上，および学術的，社会的な影響力の強化
のため，人文・社会科学の公的助成部門である国家社科基金は，2012 年か
ら学術ジャーナルに対する助成を行っている（朱剣・王文軍 2017）。助成の方
法は，2012 年 6 月に公布された「国家社科基金学術ジャーナル助成管理ガ
イドライン（暫定施行）」による（全国教育科学企画領導小組弁公室 2012）。

　朱と王によると，国家社科基金の助成が始まる以前には，多くの出版社は
経済的な困難を抱え，掲載料を取って質のよくない原稿を載せることもあっ
た。しかし，助成金によって学術的質を優先できるようになり，良質の論文
のみを掲載するようになっている。CSSCI を使って 2011 年と 2015 年の 2 カ
年分の総論文数を比較したところ，全体で 12% 減少し，2011 年に助成を受
けたジャーナルは 15%，助成を受けていないジャーナルは 8.5%，それぞれ
減少していた。これは，助成によって編集・出版環境が整い，質の高いジャー
ナルが残ったと考えられる。さらに，助成を受けたジャーナルの被引用件数
は 2 年間で 41.6% 増加し，助成の効果が十分にうかがえた。

　にもかかわらず，研究者は何とか研究成果を出そうとするため，学術ジャー
ナルへの投稿に研究不正がみられるようになった。そのため，新たに問題と
なっているのは，学術ジャーナルが担う学術的信頼性の保証である。2018
年 5 月には，中共中央・国務院が「研究の信頼性の確立をさらに強化するこ
とに関する若干の意見」を提出している（聶晨静 2018）。

　政府は，学術ジャーナルが研究の信頼性の確立に十分な効力を発揮するよ
う，原稿審査の質を高め，学術論文の監査を強化するように指導している（中
国社会科学評価研究院 2018）。研究評価の中心が論文におかれているため，こ
れを掲載する学術ジャーナルの編集・出版環境の整備も重要な課題である。

おわりに

　国の科学技術の水準を引き上げるという明確な目的のもと，中国は，世界一流水準の大学や優秀な人材を育成するための高等教育重点化政策を打ち出してきた。政府資金の分配をめぐる研究の活性化によって，研究成果の量と質を向上させることがめざされている。研究評価における評価指標の役割は，大学の研究戦略に基づき，大学・学部レベルでの研究活動に明確な方向づけを与えるものである。

　教員の業績評価では，とくに人文・社会科学の国内ジャーナルも研究評価指標や奨励の対象として重視されていることがみてとれた。中国の研究評価は，国家方針に基づき，世界トップレベルをめざしつつ，中国の特色によって人文・社会科学のインパクトを生み出すという方向性を明確にしている。しかし，大学が政府の助成プロジェクトに採択されるための研究成果を重視するようになると，個々の教員はこれに対応せざるを得なくなるという状況もみてとれた。

　本稿でとりあげたのは，中国の研究評価のほんの一側面でしかないが，学術ジャーナル論文が業績評価の中心におかれていることは明らかである。インパクトファクターのような数量的指標とピアレビューに代表される定性評価を組み合わせることの重要さは，評価する側とされる側の認識にすでに浸透しているようにみられた。世界の学術界における中国のプレゼンスは確実に高まっている。人文・社会科学研究においても，中国の研究評価がどのような効果を発揮していくのか注目したい。

〔参考文献〕

＜日本語文献＞

井上侑子 2019.「中国の大学における教員業績評価──世界レベルの大学構築を目
　指して──」日本学術振興会北京研究連絡センター．https://www-overseas-
　news.jsps.go.jp/wp/wp-content/uploads/2019/04/2018kenshu_15pek_inoue.pdf
　（2019 年 5 月 7 日アクセス）

狩野修二 2016.「中国における雑誌評価──人文・社会科学系雑誌の核心期刊と来
　源期刊──」佐藤幸人編『東アジアの人文・社会科学における論文データベー
　スと評価制度』日本貿易振興機構アジア経済研究所．https://www.ide.go.jp/
　library/Japanese/Publish/Download/Report/2015/pdf/C40_all.pdf（2019 年 2 月 20
　日アクセス）

Kulkarni, Sneha 2017.「中国で英文ジャーナルの創刊が増加」『エディテージ・イン
　サイト』https://www.editage.jp/insights/china-is-increasingly-launching-english-
　journals-a-report-says/（2019 年 9 月 18 日アクセス）

大学改革支援・学位授与機構 2017.『中国──世界一流大学・一流学科の建設実施
　方法発表──』大学改革支援・学位授与機構．https://qaupdates.niad.ac.jp/
　2017/02/13/world_class/（2019 年 9 月 18 日アクセス）

中国総合研究センター 2010.『中国の高等教育の現状と動向　本文編』科学技術振
　興機構中国総合研究センター．

陳辰編集 2019.「習近平氏，学校思想政治理論科教師座談会を主宰」『新華網
　News』3 月 19 日．http://jp.xinhuanet.com/2019-03/19/c_137905944_4.htm（2019
　年 9 月 18 日アクセス）

陳武元 2005.「中国における大学政策と研究大学の資金調達──X 大学の経験から
　──」『大学財務経営研究』(2)：193-220.

劉文君 2013.「中国の大学における資金配分と評価」徳永保・塚原修一編『大学の
　評価指標の在り方に関する調査研究報告書』国立教育政策研究所．https://
　www.nier.go.jp/05_kenkyu_seika/pdf_seika/h24/4_1_all.pdf（2019 年 2 月 20 日
　アクセス）

＜中国語文献＞

陳剣 2015.「習近平強調：増強改革定力保持改革改革勧頚」『新華網 News』8 月 18
　日．http://www.xinhuanet.com/politics/2015-08/18/c_1116296663.htm（2020 年
　1 月 22 日アクセス）

馮惠玲 2012.「高校科研考核改革的深度探索与思考」『中国高等教育』2012 (5)：

20-23.

高靚・鄭亜博 2018.「慶祝改革開放 40 周年教育改革紀事・高教改革——提昇高等教育質量的国家行動——」『中国教育報』12 月 5 日. http://paper.jyb.cn/zgjyb/html/2018-12/05/content_510127.htm?div=-1（2019 年 9 月 13 日アクセス）

耿益群 2017.『研究型大学教師績効評価制度研究』知識産権出版社.

姜彤彤 2016.『高等学校人文社科科研効率評価相関問題研究——以教育部直属高校為例——』中国社会科学出版社.

教育部 1998.『面向 21 世紀教育振興行動計画』教育部. http://www.moe.gov.cn/jyb_sjzl/moe_177/tnull_2487.html（2020 年 1 月 22 日アクセス）

教育部 2005.『教育部 国家外国専家局関于高等学校学科創新引智計画 "十一五規画" 的通知』教育部. http://www.moe.gov.cn/s78/A16/s7062/201006/t20100602_886 20.html（2020 年 1 月 22 日アクセス）

教育部 2006.『高等学校学科創新引智基地管理辨法』教育部. http://www.moe.gov.cn/srcsite/A16/s7062/200608/t20060830_82287.html（2020 年 1 月 22 日アクセス）

教育部 2008.『"211 工程" 大事記』教育部. http://old.moe.gov.cn//publicfiles/business/htmlfiles/moe/moe_1985/200804/9084.html（2020 年 1 月 22 日アクセス）

教育部 2016a.『教育部関于深化高校教師考核評価制度改革的指導意見』教育部. http://www.moe.gov.cn/srcsite/A10/s7151/201609/t20160920_281586.html（2019 年 9 月 18 日アクセス）

教育部 2016b.『教育部 国家外国専家局関于印発《高等学校学科創新引智計画実施与管理辨法》的通知』教育部. http://www.moe.gov.cn/srcsite/A16/s3340/2016 11/t20161129_290299.html（2020 年 1 月 22 日アクセス）

教育部 2017a.『教育部 財政部 国家発展改革委関于公布世界一流大学和一流学科建設高校及建設学科名単的通知』教育部. http://www.moe.gov.cn/srcsite/A22/moe_843/201709/t20170921_314942.html（2020 年 1 月 22 日アクセス）

教育部 2017b.『教育部 財政部 国家発展改革委関于印発《統籌推進世界一流大学和一流学科建設実施辨法（暫行)》的通知』教育部. http://www.moe.gov.cn/srcsite/A22/moe_843/201701/t20170125_295701.html（2020 年 1 月 21 日アクセス）

教育部 2019.『高等教育学校（機構）数』教育部. http://www.moe.gov.cn/s78/A03/moe_560/jytjsj_2018/qg/201908/t20190812_394215.html（2020 年 1 月 21 日アクセス）

劉国艶・曹如軍 2017.『文化視野中的大学教師学術評価研究』南京大学出版社.

馬浚鋒・羅志敏 2018.「基于双一流建設的高校財政資源再配置」『昆明理工大学学報（社会科学版)』2018 年 8 月：68-77.

梅愛氷・張紅梅 2014.「関于高校教師考核評価制度効用的調査与思考」『調査与研究』2014 年 5 月：104-105, 108.

聶晨静 2018. 「中共中央弁公庁 国務院弁公庁印発《関于進一歩加強科研誠信建設 的若干意見》」『新華網 News』5 月 30 日. http://www.xinhuanet.com/politics/ 2018-05/30/c_1122913789.htm（2020 年 1 月 22 日アクセス）

斉晶晶 2009. 「浅析我国高校人文社会科学教師科研績効評価的変革」『現代教育科学』 2009 年第 6 期：142-143, 146.

全国教育科学企画領導小組弁公室 2012. 『国家社科基金学術期刊資助管理辨法（暫 行）』全国教育科学企画領導小組弁公室. http://onsgep.moe.edu.cn/edoas2/web site7/level3.jsp?infoid=1335361775186559&id=1339553098628546&location=null （2020 年 1 月 22 日アクセス）

山鳴峰・袁義・馬君 2018. 『教育総合改革新形勢下我国高校薪酬制度的創新研究』 上海大学出版社.

王佳寧 2016. 「(授権発布) 習近平——在哲学社会科学工作座談会上的講話（全文） ——」『新華網 News』5 月 18 日. http://www.xinhuanet.com/politics/2016-05/ 18/c_1118891128.htm（2020 年 1 月 22 日アクセス）

邢景麗・杜子芳・謝邦昌 2015. 「公務員薪酬結構調整的実証研究——基于執行標準 前後数据分析——」『財経科学』2015（5）：121-130.

許心・蒋凱 2018. 「高校教師視角下的人文社会科学国際発表及其激励制度」『高等 教育研究』2018 年第 1 期：43-55.

張樵蘇 2016. 「習近平——投入更大精力抓好改革落実 圧実責任提実要求抓実考核 ——」『新華網 News』12 月 30 日. http://www.xinhuanet.com//politics/2016-12/ 30/c_1120224288.htm（2020 年 1 月 22 日アクセス）

張新姫 2018. 「高校教師崗位績効考核中存在的問題及改进措施」『陝西学前師範 学院学報』2018 年第 8 期：118-121.

張陽 2016. 『多元評価視角下的大学定位研究』中国砿業大学出版社.

鄭宝 2013. 「績効工資背景下高校教師有効激励研究」『決策与思考』2013 年第 21 期： 49-50.

『中国教育報』2012. 「改革創新科研評価——促進哲学社会科学繁栄発展——」7 月 19 日. http://paper.jyb.cn/zgjyb/html/2012-07/19/content_74337.htm（2019 年 9 月 18 日アクセス）

中国人民大学人文社会科学学術成果評価研究中心・人民大学書報資料中心 2019. 『複 印報刊資料重要転載採録機構 2018 年版』中国人民大学人文社会科学学術成 果評価研究中心・人民大学書報資料中心. http://old.zlzx.com.cn/rank.action? categoryId=bdb7e50a-4813-4e34-ab64-93bd0c98a242（2019 年 10 月 21 日アク セス）

中国人民大学人文社会科学学術成果評価研究中心・人民大学書報資料中心 2018. 『複 印報刊資料重要転載採録雑誌 2017 年版』中国人民大学人文社会科学学術成 果評価研究中心・人民大学書報資料中心. http://old.zlzx.com.cn/rank.action?

categoryId=9fe4a5e2-bd87-4435-ab50-6bde4a7c67ce（2019 年 10 月 21 日アクセス）

中国人民大学人文社会科学学術成果評価研究中心・人民大学書報資料中心 2017.『複印報刊資料重要転載採録著者 2016 年版』中国人民大学人文社会科学学術成果評価研究中心・人民大学書報資料中心. http://old.zlzx.com.cn/rank.action?categoryId=245c8796-b6ae-4934-903d-d0b026708c32（2019 年 10 月 21 日アクセス）

中国社会科学評価研究院 2018.『中国人文社会科学期刊 AMI 綜合評価報告 2018 年』中国社会科学評価研究院.

朱剣・王文軍 _2017.「国家社科基金資助学術期刊的作用与前景——基于 CSSCI 数据的分析——」『社会科学戦線』2017 年第 7 期 : 239-249.

【コラム】オランダ

プログラムベースの科学技術政策は
社会科学研究の流れを変えたのか

マルヨライン・ファン・グリータイゼン

　オランダは世界のトップ5の知識経済をめざして，教育や研究の発展を進めている。研究の可動性・開放性や影響力（つまり引用の割合）において国際的に上位にある。研究の可動性とは研究者の国際的なキャリア形成のことである。開放性とはオランダが外国の研究者を引き付けるとともに，オランダの研究者が外国で研究することを資金的に援助する能力である。このようなパフォーマンスはオランダの国としての研究への深い理解と関与，そしてそれに対する高い評判を示している（Wagner and Jonkers 2017）。このコラムでは，オランダにおいて科学技術政策が社会科学に与えたインパクトと，社会科学の環境の変化への適応を検討する。

条件の変化

　はじまりは1975年，研究の社会に対する貢献への疑問だった。公的資金が投入された研究の成果がみえないという，国会での不満が議論を喚起した。その後，数十年あまり，オランダ大学協会と教育・文化・科学省の密接な連携のもと，学術界からの大きな反対の声もなく，ニーズ主導あるいは市場主導の科学技術政策が，大学や研究機関が主導する科学技術政策に取って代わるようになった。

　このスムーズにみえる変化には3つの原因がある。第1に，オランダでは

一般的に関係者間で協調する傾向があり，議論では対立よりもコンセンサスの形成を志向するからである。第2に，改革のなかで研究の自律性が守られたからである。最後に，政策の変化に伴う分権化は，大学のインフラストラクチャーづくりや人事における自主性を拡大することになったからである（Kwikkers et al. 2009）。

　新しい科学技術政策のもと，オランダ科学研究機構やオランダ王立芸術科学アカデミーによって集約的に管理された資金に基づいて，競争力のあるプロジェクトやプログラムが生まれた。オランダでは3つの研究資金がある。第1は大学等に一括して供与される資金である。第2は今述べたようなプロジェクトベースの競争的資金で，オランダ国内の研究活動を強化している。第3はオランダの研究を「欧州研究領域（European Research Area）」に統合するために使われる，EUの研究資金や委託研究である。

プログラムベースの科学技術政策の政治化

　プログラムベースの研究が導入されたことによって，研究のあり方は大きく変わった。契約の条件によって研究プログラムは縛られ，研究活動は左右されるようになった。研究計画のデザインは派手さが求められ，社会的な成果につながるような貢献を示さなければならなくなった。こうした研究の政治化は，日本のSociety 5.0に相当するような，大きな社会的課題に取り組むという研究の目的に現れている。すなわち，EUのグローバルな責任として，国連が2030年までの達成をめざして掲げた17の「持続可能な開発目標（SDGs）」に貢献することがうたわれている。

　ニーズ主導の科学技術政策によって，政府の関与は増大し，今では研究がオランダ社会にとっての戦略的な重要性と整合的であることがいっそうめざされるようになった（Kwikkers et al. 2009, 133）。その一方で，複雑なプログラムの結果として生まれた競争は，研究能力に過度な負荷をかけるようになった（Kwikkers et al. 2009, 141）。これに対して，研究者の負担を軽減し，社会の

知識と科学技術の結び付きを強めようと，研究活動が再構築されることになった。プログラムベースの研究の複雑さは，組織の変化と投資によって対応がなされれば，問題とはならない。こうして学部レベルでも，組織全体でも，研究者を支援する対策が施されるようになった。

社会科学研究における事前および事後の奨励制度

オランダの社会科学研究は，川上と川下に新しい制度を設けることで変化に対応した。研究活動における事前および事後の奨励制度を導入したのである。この仕組みを導入したおもな目的は，研究のリーダーシップを鼓舞することである。奨励制度の対象は研究者である。しかし，成果を達成し，広く影響を及ぼした研究者は学部の評判も高める。この制度によって，研究者のキャリアにおける地位の上昇と，大学の認知度の向上が結び付けられることになった。

なかでもロッテルダム経営学院の制度は優れている。毎年，新任の研究者は研究助成を得られるように，申請の準備のしかたについて助言を与えられる。助成が得られれば，ゆくゆくは国際的なキャリアの上昇をもたらすことになる。助言には企業のケーススタディへのサポート，プログラムの必要条件に沿った申請書の書き方，国際的な研究チームの結成や交渉に対する手助けが含まれている。研究者への支援は教育の負担を買い取るための資金的な支援，つまり代わりの教員を雇用するための経費の供与にまで及んでいる。

学院の内部における企業経営のケーススタディの評価システムによって，研究者はケーススタディの計画を審査され，また改善が求められる。このシステムでは完成度の低い計画は申請することが許されない。システムのねらいは助成の申請の不採択を抑制することである。その理由は，まず申請と採否は公開されるからであり，また不採択によって申請への意欲が失われる恐れがあるからである。国際的な研究の能力を養い，高めることは，学院にとって人的資本形成における義務だと考えられている。

学院内部の評価システムは専門能力を形成するために重要である。それによって提案が通りやすくなる。院長は毎年，学院の助成申請の責任者から，申請の結果と研究者への投資の配分について提言を受けることになっている。ロッテルダム経営学院の事例は，科学技術政策が研究者のキャリアの形成においてどのように役立つのかを示している。それによって研究活動のプロセスは組み替えられ，国際共同研究が促進されることになったのである。

　研究活動における新しい作業は，研究マネジャーや研究アドミニストレイターが担う。研究プログラムの政治化の結果として，新しい役割は大学と他の機関との境界で生まれた。この新しい役割によって戦略的な洞察や予測の能力，政府や EU 内外の大学との関係のマネジメントの能力を高めることができる。この機能は大学の理事会とつながり，研究者のネットワークに浸透することで，知識のニーズとソースをつなぎ，大学を取り巻くエコシステムにおける知識の流通を促進している。

　このような研究マネジメントの専門職は大学内で，また国内で広くベストプラクティスに関する情報の交換を行っている。ネットワークは全体として，EU の研究プログラム開発や研究助成の申請に対して，経済省からサポートを受けている。結果をみると，2015 年には EU のトップ 50 の大学のなかで，オランダの大学は EU の研究助成プログラムのホライズン 2020 から最も多くの資金を獲得している。しかも，こうした国際間のコンソーシアムが国際共著や国際的な開放性に結び付いていることは重要である。

オランダの社会科学の発展に対する大学の貢献

　研究の影響力を測る指標は計量書誌学に基づいて，国際的な共著論文の引用を分野別にウェイトづけして算出される。EU のトップ 50 の大学を分析したところ，上位 14 の大学のなかにオランダの大学は 6 つある（表 1）。

表1　EUにおける大学別社会科学論文指数ランキング（2013 〜 2016年）

	社会科学の国際共著論文指数
1. オックスフォード大学	2,413
2. ユニバーシティ・カレッジ・ロンドン	2,112
3. アムステルダム大学 *	1,792
4. ケンブリッジ大学	1,641
5. マンチェスター大学	1,472
6. ロンドン・スクール・オブ・エコノミクス	1,411
7. ユトレヒト大学 *	1,399
8. ルーベン・カトリック大学（B）	1,398
9. アムステルダム自由大学 *	1,349
10. ゲント大学（B）	1,334
11. フローニンゲン大学 *	1,299
12. キングス・カレッジ・ロンドン	1,285
13. エラスムス・ロッテルダム大学 *	1,155
14. ラドバウド大学 *	1,142

（出所）　ライデン大学科学技術研究センター（CWTS）。（http://www.leidenranking.com/）
（注）　＊はオランダの大学。

　オランダにおける科学技術政策のニーズ主導型への転換，事前と事後の奨励制度の導入，国境を越えた研究の実施という3つの要因は研究活動の発展を促し，オランダの社会科学の研究者に利益をもたらしてきた。とはいえ，大学の対応といった要因もまた寄与している。それゆえ，組織の変化と社会科学研究の適応は，大学の投資の産物と考えることができる。

〔参考文献〕

Kwikkers, P. C. et al. 2009. *Geldstromen en Beleidsruimte*. SDU.
Wagner, Caroline S. and Koen Jonkers 2017. "Open Countries Have Strong Science." *Nature* 550: 32-33.

第5章

日本

——複雑な評価制度と大学の疲弊——

岸　真由美

日本の大学図書館（二階宏之撮影）

はじめに

　研究評価は現在世界のさまざまな国で導入されている。世界に先駆けて1986年に研究評価を導入したイギリスは，財政難を理由として新自由主義的改革による「小さな政府」を追求し，高等教育においては研究評価よる公的資金の適切配分をめざした。他方，イギリスと同じく研究評価制度の導入では先駆者であったオランダは，1983年に導入した資金配分のための評価制度を，2003年に大学の改善と説明責任をおもな目的とする評価システムに大きく変更した。各国が研究評価を行う目的は大きく3点あり，公的資金の傾斜配分，大学の研究活動の改善，説明責任である（林2017；竹内2019）。

　日本でも，1980年代半ばから新自由主義に基づき「規制緩和」と「構造改革」を柱とする経済政策や行政改革が行われ，さらに情報化や国際化の進展と大学の大衆化などを背景として，教育政策においても経済界の要請を受けた新自由主義による大学の構造改革が進められた。また1990年代半ばから進められる科学技術創造立国政策において，大学は産官学連携・科学技術イノベーションの推進拠点となることが求められた。そのために政府は大学改革を進める一方，「選択と集中」により，自然科学系の重点分野や政策課題対応型の研究開発により多くの資金を配分する姿勢を強化し，公的資金の配分にあたっては厳正な評価の実施を求めてきた。

　こうした政府による改革や政策の流れのなかで，1990年代に入ると大学をはじめとする学術機関に対する評価（以下，「大学評価」）が制度として導入され，実施されるようになってきた。とりわけ，大学のなかでもおもに公的資金で運営を行う国立大学は，これらの政策の影響を最も受けてきた。研究者に対する研究評価についても，こうした背景のもとで，大学における業績評価や科学研究費助成事業（以下，「科研費」）等の審査のための評価として広く実施されるようになった。

　本章では，第1節で日本の大学評価がどのような経緯で，またどのような

政策を背景として導入されてきたのかを概観する。第 2 節では国立大学で実施されている現行の大学評価制度の実態ついて述べる。第 3 節では，大学評価制度，およびその背景にある政策が大学に与えた影響をまとめる。第 4 節では研究者の個人評価の実態と課題について考察する。そして最後に，現行の評価制度と日本の学術政策の問題点を整理する。

第 1 節　教育改革・行政改革の一環としての大学評価

本節では，日本において制度として導入された 3 つの大学評価，すなわち認証評価，国立大学法人評価，および科学技術政策における研究評価について，その導入の背景を概観する。

1-1.　高等教育研究の質保証・説明責任としての自己評価・認証評価

中曽根内閣時代の 1984 年から 1987 年 8 月まで，戦後教育の見直しのため内閣総理大臣の諮問機関として臨時教育審議会（以下，「臨教審」）が設置された。臨教審は，受験戦争の過熱化や教育環境の荒廃，学歴社会の弊害が社会問題となるなか，画一的な教育や学校中心主義的な教育からの脱却を提言した。高等教育については，臨教審は大学教育の充実・個性化のための大学設置基準の大綱化（すなわち自由化），高等教育機関の多様化と連携，大学院の充実と改革などを含む 4 次にわたる答申を行った。答申では，大学に対する国の規制を緩和し，大学の個性化・多様化を図る一方，評価による大学の質の維持と，社会に対する説明責任の遂行を求めた。そしてそのために，大学の認証評価（アクレディテーション）の実施を含む大学評価と大学情報の公開が提起された。

その後，臨教審の勧告を受けて 1987 年 9 月に大学審議会（以下，「大学審」）が文部省に設置された。大学審は，2001 年 1 月の中央省庁再編により文部科学省に設置された中央教育審議会（以下，「中教審」）に統合され，中教審

大学分科会となるが，それまでに28件の答申・報告を発表している。とりわけ1991年の「大学教育の改善について」（以下，「91年答申」）は，大学設置基準の大綱化と大学評価を主要事項として構成されていた。91年答申に基づき，1991年にまず「大学設置基準」「大学院設置基準」が改正され，国公私立の別を問わず，すべての大学がその特色に応じて学部の種類やカリキュラムなどを自由に決められるようになった。その一方で教育の質の保証を目的として，各大学における「自己点検・評価」の実施とその結果の公表が努力義務として定められた。

大学審はさらに1998年に「21世紀の大学像と今後の方策について――競争的環境の中で個性が輝く大学――」（以下，「98年答申」）を答申した。98年答申では，21世紀の大学像として多様化・個性化と大学院教育の拡充を追求し，第三者評価を含む多元的な評価システムの確立と資源の効果的配分を行うことが提案された。98年答申を受けて1999年に再び改正された大学設置基準等では，自己点検・評価は評価結果の公表も含めて義務となり，学外の第三者による外部評価の実施も努力義務として追加された。

さらに2001年，内閣府に設置された統合規制改革会議が出した「規制改革の推進に関する第1次答申」において，第三者による継続的な認証評価制度の導入が提起され，2002年には中教審が，「大学の質の保証に係る新たなシステムの構築について」において，自己点検・評価とともに，国の認可を受けた第三者評価機関による評価制度の導入を提言した。これをふまえて2004年に施行された改正学校教育法では，質の保証と社会的な説明責任の観点から，自己点検・評価とその結果の公表が法律に明記されることとなった。また高等教育機関に対して，一定期間ごとに文部科学大臣の認証を受けた機関（認証評価機関）による認証評価を実施することも定められた。

1-2. 行政改革の一環としての国立大学法人評価

国立大学法人制度は認証評価制度の施行と同じ2004年に始まったが，この制度は，これに先立つ2001年4月に実施された独立行政法人（以下，「独法」）

制度をモデルとして導入された制度である。独法制度は 1990 年代後半，政府が進めた一連の規制緩和政策と行財政改革の一環として実現された。1996年に発足した第 2 次橋本内閣は，行政改革において中央省庁の再編と公務員定数の 1 割削減を掲げたが，その受け皿として構想されたのが独法制度である。これは政府が実施すべき事業のうち，外部化できる一定の事業を切り離し，これを担当する機関に独立の法人格を与えて，実施機能を担わせることで，行政のスリム化を図るものである。独法は使途を特定しない運営費交付金（以下，「交付金」）を財源とする自律的な業務運営を行う一方，主務大臣が指示する目標をふまえて 3 年から 5 年の実施計画を策定し，目標の管理を行うとともに，透明性の確保のための事後評価を受ける。これにより独法は政策の PDCA サイクル[1]を機能させ，民間企業の経営手法を導入して業務の効率性・質の向上を図るものとされた。

　こうした行政スリム化を図る独法制度の国立大学への適用については，当初，文部省は高等教育や学術研究の崩壊につながるとして強く反対の立場をとっていた。しかし，1999 年に小渕内閣で公務員定数の削減率が 25% まで積み増しされ，公務員定数の削減圧力がさらに強くなるなか，小泉内閣のもと文部科学大臣から出された「大学（国立大学）構造改革の方針」（いわゆる「遠山プラン」）が国立大学法人化の大きな転機となった。遠山プランでは，①国立大学の再編・統合，②国立大学法人への早期移行，③第三者評価による大学への競争原理の導入が提起された。そして 2003 年には国立大学法人法案が国会で承認され，2004 年 4 月から制度が施行されることとなった（田中・佐藤・田原 2018；細井 2018）。

　これにより，国立大学は法人として 6 年ごとの中期目標・中期計画に加え，年度計画を策定し，これらに基づいて活動し，各年度や期間終了後にはその達成度について第三者評価を受けることとなった。さらに国立大学法人は，

---

1)　政策の質と効果を高めるために行われる，企画立案（plan），実施（do），評価（check），改善（action）をおもな要素とするマネジメント・サイクル。

勤務する教職員の勤務成績の評定を行うことも同時に求められた（「国立大学法人法等の施行に伴う関係法律の整備等に関する法律」第20条）。また，第1次安倍内閣で設置された教育再生会議がまとめた第2次報告（2007年6月）では，「我が国が成長力を高め国際競争に打ち勝っていく」ために「徹底した大学・大学院改革」が必要とされ，そのための高等教育財政として，「選択と集中による重点投資」「多様な財源の確保への努力」「評価に基づく効率的な資源配分」の3つの柱が設定された。以後，政府の国立大学改革はこれらの方針を継承して進められてきた。

1-3. 科学技術政策のもとでの研究評価の導入

1990年代のバブル経済崩壊により経済成長が鈍化するなか，1980年代まで拡大していた日本の研究費の伸びが鈍ったことを背景として，科学技術創造立国政策が進められ，1995年に「科学技術基本法」が施行された。この政策は，産官学連携のもとで，産業競争力の強化につながるライフサイエンス，情報通信，環境，ナノテク，材料などを重点分野とした科学技術イノベーションの推進をめざしたものである。1996年には第1期「科学技術基本計画」（1996～2000年度）が閣議決定され，研究開発活動について厳正な評価を実施すること，そのために「国の研究開発全般に共通する評価の在り方に関する大綱的な指針」を策定することが定められた。これに基づき，1997年8月，指針が内閣総理大臣決定された。指針の目的は，「外部評価の導入，評価結果の公開，研究資金等の研究開発資源の配分への適切な反映等を求めることにより，研究開発評価の一層効果的な実施を図ること」とされ，評価対象は科研費を含む競争的資金等による研究開発課題および研究開発機関（大学等を含む）に限定されていた。

しかし，第2期の計画（2001～2005年度）の決定，および後述する政策評価の導入の流れを受け，2001年11月に先の指針の内容を大幅に改正した「国の研究開発評価に関する大綱的指針」が決定された。この改正では，研究開発施策と研究者等の個人の業績も評価対象に加えられ，評価の公正性と透明

性の確保，評価結果の予算・人材等の資源配分への適切な反映，評価に必要な資源の確保と評価体制の整備を図ることが重要な改善点として盛り込まれた。各府省も，大綱的指針をガイドラインとして，評価方法などを定めた具体的な指針を策定することとされた。

　また，2001 年に施行された「行政機関が行う政策の評価に関する法律」（以下，「政策評価法」）によって，政策評価が義務づけられた。政策評価法制定の目的は，政策の効果や有効性などを評価し，その結果を政策に適切に反映し，評価結果に関する情報を公表することで，国民に対する行政の説明責任の徹底を図ることであった。政策評価法に基づき，「政策評価に関する基本方針」が閣議決定され（2001 年 12 月 28 日），さらに各省庁が政策評価の基本計画および実施計画を策定した。政策には科学技術・学術政策も含まれ，これも政策評価の対象となることから，2001 年改正の大綱的指針では，研究評価と政策評価との整合性が図られた。具体的には大綱的指針による評価は，政策評価法に示された施策評価の対象範囲は異なるものの，基本的にめざす方向は同じくするものと定められた。また政策評価の観点をふまえ，①必要性（科学的・技術的意義，社会的経済的意義，目的の妥当性など），②効率性（計画・実施体制の妥当性など），③有効性（目標の達成度，新しい知の創出への貢献，社会・経済への貢献，人材の養成など）の 3 つの観点から行うものとされた。

第 2 節　各大学評価の実施方法およびちがい

　先にみたように，日本の研究評価は教育改革や行政改革，政策的な要請など，それぞれの目的により実施が義務づけられており，このため，大学を対象とする複数の研究評価制度がそれぞれの目的に対応して個別に存在する。本節では各大学評価の方法や実態，各評価のちがいについてまとめる。

2-1. 質保証としての自己点検・評価，および認証評価

　自己点検・評価は，大学等が自己の目的・目標に照らして教育研究等の状況を点検し，優れている点や改善すべき点等を評価し，その結果を公表するとともに，その結果をふまえて改善向上を行うための内部質保証の仕組みである（大学評価・学位授与機構 2014）。各大学は，各認証評価機関が定める評価基準に従って自己点検・評価を行う。自己点検・評価の結果は，後述する第三者機関による認証評価の前提となる。

　1993 年 5 月現在の実施状況は，全国 534 大学中（国立 98，公立 41，私立385），自己点検・評価のための全学体制を整備した大学は 402 校（国立 98，公立 3，私立 274），うち結果を公表した大学は 59 校（国立 50，公立 1，私立 8）であった（細井 2018）。さらに 1999 年の自己点検・評価実施および公表の義務化，2004 年の自己点検・評価および結果の公表の法律への明示を経て，2008 年度には 683 校（91%）が自己点検・評価を行い，669 校（90%）が評価結果を公表しており，着実に実施率が上昇した（戸澤 2011）。自己点検・評価の適用単位や実施周期は設定されていない。各大学は大学全体および学部・学科などの組織単位で定期・不定期に自己点検・評価を実施している。

　認証評価は，文部科学大臣の認証を受けた認証評価機関が，作成した大学評価基準に基づき，各大学がこの基準を満たしているかを評価するものである。認証評価の目的は，大学等が設置認可後に一定期間ごとに第三者評価を受けることにより，大学が設立された後も，自らの教育研究の質の継続的な改善向上を図るとともに，社会への説明責任を果たすことである。認証評価には「機関別認証評価」と「専門分野別認証評価」の 2 種類がある。機関別認証評価はすべての国公私立大学，短期大学および高等専門学校を対象とし，7 年ごとに評価を受ける。専門分野別認証評価は，専門職大学院をおく大学を対象とし，5 年ごとに評価を受ける。会計大学院や法学大学院などを設置する総合大学の場合は両方の認証評価を受審しなければならない。また複数の専門職大学院のみを設置する大学院大学はそれぞれの分野の認証評価を受審しなければならない。

機関別認証評価において，大学を対象とする認証評価機関は，①公益財団法人大学基準協会（2004 年 8 月 31 日認証），②独立行政法人大学改革支援・学位授与機構（2005 年 1 月 14 日認証），③公益財団法人日本高等教育評価機構（2005 年 7 月 12 日認証）の 3 つがある。各大学は複数の認証評価機関から評価を行う機関を選択して受審する。それぞれの認証評価機関が対象とする大学については，大学基準協会と日本高等教育評価機構が私立大学，大学改革支援・学位授与機構は国立大学法人が中心である。評価基準については，たとえば大学改革支援・学位授与機構が 2019 年度から実施する認証評価では，①教育研究上の基本組織，②内部質保証，③財務運営，管理運営および情報の公表，④施設および設備ならびに学生支援，⑤学生の受入れ，⑥教育課程と学習成果の 6 つが設定されている。細井によれば，評価内容はいずれの認証評価機関もおおむね平準化されているが，各評価機関によって，評価の対象領域への重点のおき方は異なる（細井 2007）。

2-2. 資金配分と説明責任のための国立大学法人評価

国立大学法人評価は，各国立大学法人（大学共同利用機関法人を含む）が作成し，文部科学大臣が認可した中期目標・中期計画，および毎年度計画に対し，その教育研究活動や経営面等の総合的な達成状況を，文部科学省国立大学法人評価委員会が評価するものである。法人評価の実施周期は，毎事業年度終了時と中期目標期間終了時である。すでに第 2 期中期目標期間までの評価の実施が終了している。評価方法は，達成状況を 5 段階（非常に優れている／良好である／おおむね良好である／不十分である／重大な改善事項がある）で評価するものである。

教育研究活動に関する評価は，各大学が定めた中期目標の達成度を大学単位でみる「達成状況評価」と，学部・研究科での「教育・研究水準」および「質の向上度」に関する「現況分析」からなる。教育研究活動に対する評価項目は，①教育（教育内容および教育の成果等，教育の実施体制等，学生への支援），②研究（研究水準および研究の成果等，研究実施体制等の整備），③その他

（社会との連携や社会貢献，国際化）の3つである。教育研究活動についての評価は，国立大学法人評価委員会の要請により大学改革支援・学位授与機構が行う。現況分析では，各学部・研究科が代表的な研究業績を専任教員数の20%を上限として提出する。提出にあたっては「学術的な意義」と「社会・経済・文化的な意義」のふたつの評価基準のどちらか一方，もしくは両方を選択する。提出された業績は科研費の細目ごとに2名のピアレビュアーがSS（卓越），S（優秀），S未満の3段階で評価する（林2018）。

　国立大学法人評価と認証評価のちがいとして，前者では，独法通則法の準則規定により，総務省の政策評価・独法評価委員会の評価を受けること，評価結果が次期の中期目標の内容や交付金の算定に活用されること，がある。第1期の評価結果は第2期の交付金に反映された。反映額の算定方法はつぎのとおりである。財源は第1期中期目標期間の最終年度に配賦された交付金に削減係数1%を乗じた額を拠出した財源拠出額である。4つの評価項目（教育水準，研究水準，教育研究達成度，業務運営達成度）ごとに「評価ウェイト」を算定し，評価項目間の重みづけを行ったうえで「総合評価ウェイト」を算定する。各評価項目のウェイトの配分は，教育水準30%，研究水準30%，教育研究達成度20%である。総合評価ウェイトは最高点を91.00として，「評価反映係数」を算定し，財源拠出額に評価反映係数を乗じて再配分額を算定された（旺文社教育情報センター2010）。

　第2期の評価結果も第3期の交付金に反映されている。具体的には，学部・研究科等を単位とする現況分析のうち，研究水準に関する「学部・研究科等を代表する優れた研究業績」の評価結果が交付金に反映された。しかし，優れた評価結果を得た30大学にのみ配分されており，総額は約30億円と金額はさほど大きくなかった（林2017；竹内2019）。第3期に創設された「重点支援枠」の方が約100億円の規模でむしろ予算額が大きい。重点支援枠は，各大学が特色を打ち出し多様な教育研究を実施するため，大学の機能分化を進める仕組みである。各大学は①卓越した教育研究，②専門分野の教育研究，③地域貢献の3つの枠組みからいずれかを選択する。大学は，自ら選んだ機

能強化の取り組みに対して事前および事後に評価を受け，その結果によって
交付金が増減する。第 3 期の初年度である 2016 年度は各大学の機能強化の
構想が評価の対象となり，2017 年度以降は実際の取組み状況・進捗状況が
評価された。重点支援枠で配分される機能強化促進経費の財源は，交付金の
なかから各大学が機能強化促進係数分として拠出した 1% 分の金額である。
再配分額は，評価結果から算出した反映率（70% 〜 120%）をそれぞれの大
学の拠出額に乗じた金額とされた（旺文社教育情報センター 2016）。

　大学法人評価については，交付金への評価反映額は決して大きくない。関
は，第 1 期の評価において総合大学で実質トップの評価を受けた大学の学長
のつぎのような声を紹介している。「評価反映額はわずか 300 万円に過ぎな
い。しかも評価反映分の原資は各国立大学法人が出資しているので，実際に
手にした交付金増加額は，数十万円に過ぎない。これでは，法人評価にかけ
たコピー代にすら遠く及ばない」（関 2010）。

2-3.　大学改革支援等の補助金配分に関する評価

　大学が応募した補助金事業について，その採択の決定のために実施される
評価である。第三者による公正な審査を担保するため，有識者や専門家など
から構成される委員会を設置し，ペーパーレフェリーの専門的意見もふまえ
て審査を行う。委員会は審査結果を文部科学省にフィードバックし，文部科
学省がこの結果をふまえて最終的な決定を行う。これらの補助金に関する委
員会の運営は，科研費と同様，おもに日本学術振興会が行っている。

　大学を対象とする補助金事業はこれまでにいくつか実施されている。「21
世紀 COE プログラム」（2002 〜 2004 年度）は，日本の大学に世界最高水準の
研究教育拠点を形成し，研究水準の向上と世界をリードする創造的な人材育
成を図るためのプログラムである。2007 年度に始まるその後継の「グロー
バル CEO プログラム」は採択数を半分に減らし，その分 1 件当たりの補助
金を増やした。2014 年度から始まる「スーパーグローバル大学創成支援」
（SGU）は，世界水準の教育研究を行う大学「タイプ A（トップ型）」（13 大学）

と日本社会のグローバル化を牽引する大学「タイプB（グローバル化牽引型）」（24大学）とに分けて国際化と大学改革を進める支援プログラムである。さらに2017年度には，世界トップレベル大学と競い，教育研究活動の展開が見込まれる国立大学を，国が重点的に支援する「指定国立大学」プログラムが開始された。

第3節　大学評価とその影響
——評価疲れ，財政難と大学間格差の拡大——

　日本で実施されている異なる複数の大学評価は，大学の活動や運営にどのような影響を与えているのだろうか。本節では，大学評価やその背景にある政策の影響と課題についてまとめる。

3-1.　重層的な評価制度と評価疲れ

　認証評価の課題として，自己点検・評価報告書の作成や根拠資料の準備，訪問調査の日程調整など，受審にあたって準備に膨大な労力がかかる割には，認証評価制度の目的である教育研究の改善向上につながっていないことが指摘されている（酒井2017）。また国立大学法人評価について，国立大学は認証評価とは別に実施が義務づけられており，かかる労力の過重さが課題となっており，この点はすでに第1期中期目標期間中から指摘されている。たとえば国立大学協会は，「認証評価と法人評価は，根拠法令が異なるだけではなく，評価の目的や性格が明らかに異なっている」にもかかわらず，「評価を受ける大学側にとっては，書式や記載事項の異なる2種類の評価を受けることを義務づけられているというのが実感であり，準備作業の繁雑さに追われている」としている（国立大学協会2007）。

　中教審大学分科会も，大学側の作業負担などの「評価疲れ」の現状を受け，評価の効率的な実施の観点から，大学が「定期的な自己点検・評価等に取り

組み，自らの大学のデータの収集・把握に日常的に努める」一方，「国立大学法人評価などの他の評価における教育研究に関する評価資料・結果も活用した評価」に取り組むことを提案している（中央教育審議会 2016）。また，中教審大学分科会のワーキンググループにおいても，評価業務の重複を解消し，負担軽減のため内容的に共通する部分を整理することが可能ではないかとの意見が出されている（下條 2017）。

　日本の評価制度は複雑かつ重層的なシステムになっているために，被評価者である大学および評価者側の負担が大きい。とくに国立大学法人評価については，評価結果の交付金への反映分は極めて限定的である。今後複雑な大学評価の制度を整理し，評価実施にかかる費用や労力とその活用や効果のバランスもふまえて，効率的な制度を整えていく必要がある。

3-2. 大学間格差と自然科学分野への偏重の拡大

　国立大学法人制度のもと，国立大学の交付金は導入当初から一貫して減少してきた。交付金には経営改善を課す目的で毎年ほぼ 1% の削減係数がかけられており，年々支給額が減少する仕組みになっているためである。交付金の総額は，法人化初年度の 2004 年度（1 兆 2415 億円）から 2015 年度（1 兆 945 億円）までの 11 年間で 11.8%（1470 億円）縮小した。この額は中小規模の国立大学 38 校分の配分額に相当する。さらに交付金の配分額では，トップの東京大学の 803 億 3824 万円をはじめ，旧帝大を含む上位 10 大学が配分額の 42.1% を占めており，もともと大学の差が大きい（旺文社教育情報センター 2015）。法人評価の結果を次期の中期目標期間中の交付金の支給額に反映する仕組みも，その財源は係数によって削減された金額である。また元の予算規模に応じて配布額が決まる仕組みであるため，予算規模の小さい中小規模の国立大学では，高評価を得たとしても，その反映額は小さいままである。

　減る一方の交付金分を補うため，まず経費削減として，各大学はおもに常勤教職員の退職後の補充を抑え，非常勤や任期付きのポストを増やすなどの措置を行い，人件費の削減に努めてきた。そのうえで，補助金や科研費に代

表される競争的外部資金の獲得を積極的に図ってきた。国立大学の収入構造をみると，組織への補助金と個人への補助金の合計は，2004年度から2014年度までの10年間で1397億円から2863億円へと急テンポで増加している（田中・佐藤・田原2018）。

　2000年代以降，政府は限りある資金を競争的に大学に配分する「選択と集中」を進め，交付金を減らす一方で，「21世紀COEプログラム」「グローバルCOEプログラム」「スーパーグローバル大学創成支援」「指定国立大学」などの競争的外部資金を増やしてきた。さらに政府は，研究者個人への科研費などの競争的資金も拡充してきた。しかし，そもそも競争的外部資金の獲得力は大学によって差があり，交付金削減分が，旧帝大では補助金や政府の受託研究費といった公的資金によって埋め戻されるが，中小規模大学では埋め戻されておらず，大規模大学との差が拡大している（豊田2019）。

　また，競争的外部資金の獲得力はそれぞれの大学が有する学部・学科の学術分野，つまり自然科学分野と人文・社会科学分野の構成も影響する。たとえば科研費は，直接経費に対して3割が間接経費として研究者が所属する機関に措置される。間接経費は，科研費による研究の実施に伴う研究機関の管理などに必要な経費として使用される。しかし，科研費の配分額は応募件数や応募額に応じて決定されるため，比較的少額の研究課題が採択される人文・社会科学分野は，採択件数の割合に比べて配分額の割合が低くなるのである。日本学術振興会の報告によれば，2015年度の採択件数約2万6003件のうち，人文・社会科学分野は4716件（18.1%），配分額は合計626億円のうちわずか68億円（10.9%）である（日本学術振興会2015）。このため，旧帝大や大規模総合大学，医・理工系大学に比べ，教員養成系大学や文科系大学は競争的資金を得にくい構造がある（田中・佐藤・田原2018）。

　さらに，自然科学分野偏重と人文・社会科学分野軽視の不均衡な構造は今後も強まることが懸念される。文部科学省が2010年に行った調査では，人文学分野の教員が国公私立全体では1998年から2007年にかけて485人増加（2%）しているにもかかわらず，国立大学では703人減少（－11.4%）してい

る（文部科学省 2010）。そもそも日本の大学教員に占める人文・社会科学分野の教員の割合は，他の先進国と比べても相当に低い。林と土屋は，イギリスの全大学の教員の 41% が人文・社会科学であるのに対し，日本は 17% であると述べている（林・土屋 2016）。2018 年度の総務省統計局のデータでも，日本全体の研究員数（866950 人）に占める人文・社会科学分野（106580 人）の割合はわずか 12% である。大学に限ってみても，研究本務者（294257 人）に占める人文・社会科学分野（61669 人）の割合は 20% にとどまる（総務省統計局 2018）。

　政府は，2012 年の「大学改革実行プラン」において国立大学のミッションの再定義を求め，2015 年 6 月 8 日の文部科学大臣通知（いわゆる「6.8 通知」）において，「教員養成系学部・大学院，人文社会科学系学部・大学院」の見直しを要請した。教員養成系や人文・社会科学系の学部・大学院の見直しは，この傾向をさらに推し進め，国際的にみても薄い日本の人文・社会科学分野の研究の層をさらに薄くする可能性がある。

3-3. 日本の研究力の減退とその要因

　政府は 1990 年代半ばから現在まで科学技術創造立国政策を進め，「選択と集中」による資金の競争的配分を進めてきた。しかし，日本の研究力は過去 10 年下がり続けていることが指摘されている。10 年前と比較して日本の論文数はほぼ横ばいだが，他の国の論文数が拡大するなか順位が低下している（図 5-1）。日本は主要国で唯一，論文数や注目度の高い論文（トップ 10%）の数も減っている（図 5-2）。また，イギリスとドイツでは国内論文数が 1990 年代後半からほぼ変わらずに国際共著論文数が著しく増加しているのに対して，日本は国際共著論文数が増加している一方，国内論文が 2000 年代半ばをピークに減少している。研究開発費総額の対 GDP 比率はイスラエルと韓国に次いで高いが，2008 年以降は増減を繰り返し近年は減少傾向にある。さらに研究開発費総額に占める政府支出研究費の割合は，アメリカ・イギリス・フランス・ドイツ・中国・韓国・日本の 7 カ国中，日本が最も低

図 5-1　各国の論文数の推移

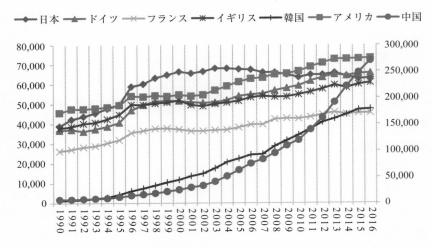

（出所）科学技術・学術政策研究所「科学技術指標 2018」をもとに筆者加工・作成。
（注）アメリカおよび中国は右軸。

図 5-2　各国の Top10% 補正論文数の推移

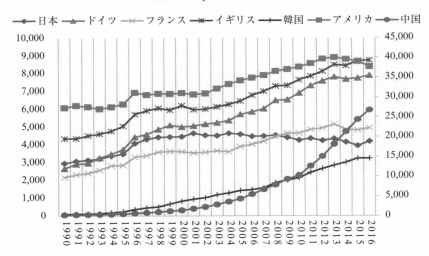

（出所）科学技術・学術政策研究所「科学技術指標 2018」をもとに筆者加工・作成。
（注）アメリカおよび中国は右軸。

い（科学技術・学術政策研究所 2018）。

　豊田は，この要因について詳細なデータ分析に基づき，つぎのように説明している。多くの先進国において論文数が増えたのは，政府からの大学研究資金が増えたことにより，研究人件費が増え，フルタイム相当研究従事者（FTE）[2]が増えることで，論文数が増えるというメカニズムが働いているためである。他方で日本は，大学への公的研究資金，研究従事者数（FTE），博士課程学生数が先進国中最低クラスに位置し，そしてそれがこの十数年間停滞している。これによって，博士課程教育機能，ひいては大学の研究機能が弱まっているのである（豊田 2019）。豊田はさらに，こうした状況を招いた原因を「選択と集中」政策にみる。前項でみたように，国立大学法人化後の交付金の削減分は，中小規模の大学では補助金や政府からの受託研究費では補填されず，大規模大学との差が拡大した。これまで交付金の一部は競争資金を獲得できるまでのスタートアップの研究費として使われていたが，いまや交付金を財源として大学内部で各教員や研究室に配分される研究費（内部研究費）が減っているのである。豊田は日本の研究力の低下の原因が，海外諸国と比べた際の「競争力のある大学の層の薄さ」にあり，日本の研究力の向上には「競争力のある大学の数を増やすことが必要」であると断じている。

第4節　研究者個人の業績評価とその実態

　前節まで機関としての大学に対する評価の概要と，導入後の影響と課題をみてきた。本節では，研究者個人に対する研究評価について，その実態と課題をまとめる。研究者個人に関する研究評価は大きくふたつある。ひとつは大学が業績評価として実施するもの，もうひとつは科研費などの個人を対象

---

2)　研究時間を考慮した研究者の数。FTE は Full-Time Equivalent の略。大学教員が 50%の時間を研究に充てている場合は 2 分の 1 人とカウントされる。

とした競争的外部資金における評価である。

4-1. 大学における業績評価の導入

国立大学法人制度のもとでは，大学は自律的な経営が求められる一方で，中期目標・計画と年度計画に即して活動し，その達成度合いに関する評価を各年度や目標期間終了時に受けることが義務づけられた。このため各大学は学内の研究教育と業務運営について定期的な省察を行うことが必要になった。同制度においては所属する教職員の勤務成績の評定を行うことも要請されていた。さらに，教育の重視といった大学に対する社会的ニーズの高まりを受け，教育の質の向上を図り社会に対する説明責任を果たす必要性も高まっていた。こうした状況のもと，国立大学では学内のマネジメントの方法のひとつとして，教員個人の業績評価が2004年の法人化以降，急速に導入されるようになった。

大学における業績評価の実態については，文部科学省が2007年度と2014年度に三菱総合研究所に委託して実施した調査報告（三菱総合研究所 2008; 2015）のほか，いくつかの先行研究がある。本項ではこれらをもとに，とくに国立大学における業績評価の実態をまとめる。なお，文部科学省の調査報告は，国公私立大学（国立大学には大学共同利用機関法人研究所を含む）や研究開発型の独法などを対象にアンケート調査を実施し，その結果を集計，分析したものである。

（1）業績評価の導入時期・導入率

三菱総合研究所の調査によれば，国立大学の多くは，法人化直後の2006年度から2007年度に業績評価の本格導入を行っている。2014年度までには国立大学の95%が，全学もしくは一部で何らかの業績評価を実施するようになっており，法人制度導入から10年でほぼすべての国立大学に業績評価が浸透したといえる。公立大学は，2004年度から「公立大学法人制度」が開始されており，国立大学とほぼ同時期に業績評価を導入しているところが多い。2014年度時点での導入率は全体の71%である。他方，大学法人化な

どの外部要因が少ない私立大学は導入時期が国公立大学ほど集中していない。

（2）業績評価の目的

　嶌田・奥居・林は文部科学省が実施した 2007 年度の委託調査のデータを用いて詳細な分析を行っている。それによれば，国公私立大学のいずれにおいても，80% 以上（国立大学では 90% 以上）が「教員の自己点検による意識改革」「教員個人の研究レベル向上」「教員個人の教育レベル向上」を評価導入の目的に挙げており，教員の意識・活動の改善が導入目的の中心になっている。また，国立大学は「社会に対する説明責任」(61.2%)，「組織運営の評価・改善のための資料収集」(53.4%) も回答率が比較的高く，教員評価の導入に法人評価や認証評価の影響がみられる。他方，公立大学では「社会貢献の推進」，私立大学では「教員の公平性・納得感の向上」が他の設置形態に比べて回答率が高い（嶌田・奥居・林 2009）。

　2014 年度調査では，任期なし／任期付き別，月給制／年俸制別の分析結果も報告されている。この結果からは，「任期付き」教員については，評価実施の目的として「優秀な教員の確保・維持」に重きをおく傾向があることがうかがえる（三菱総合研究所 2015）。

（3）評価の方法

　前掲の嶌田・奥居・林は評価方法を大きく 3 つの類型に分けている。ひとつ目は，業績を何らかの手法で点数化し，その総合点を算出する「総合点算出型」，ふたつ目は，研究者や教員の数量的・定性的な業績をもとに，数字やアルファベットなどの記号を用いて段階的に優劣を判定する「業績段階判定型」，3 つ目は，年度当初に研究者や教員個人が目標を設定し，その達成度を評価する「目標管理型」である。「業績段階判定型」と「目標管理型」は，さらに本人が自己評価を行う場合と，本人以外の評価者が評価を行う場合の 2 通りがある。調査結果では，国公私立大学の区別によらずおおむね 50%の大学が「総合点算出型」を採用している。設置者別では，国立大学が総合点算出型，業績段階判定型，目標管理型の順に多く，さらに，後者ふたつで

は，自己評価を前提とした第三者評価を行う大学が多い。公立大学と私立大学は評価者による業績段階判定型，総合点算出型の順に多い。

　(4)　業績評価の項目

　大学の業績評価の対象領域は，研究活動，教育活動，管理・運営，社会貢献活動の4つに分類される。対象領域ごとの項目はおおむね表5-1のとおりである。前掲の嶌田・奥田・林によれば，研究活動では国公私立大学のいずれにおいても，「論文」「学会発表」「専門書籍の編集・執筆」は約9割，論文の「被引用」は約4割が採用しており，これらは比較的定量化が可能な項目である。定性的な評価項目としては，「成果の学術的価値」「社会・経済・文化的な価値」がそれぞれ5割，4割で採用されている。また，国立大学では「受賞」「外部資金受入」「学会活動」「知財」が8割超で採用されている。教育活動では，「講義・演習担当数」を採用する大学が7割以上，「学生による授業評価」を用いる大学も6割を超える。管理運営，社会貢献では，国公立大学ともに「役職」「特定業務（教育・研究以外）の実績」「生涯学習支援等」「学外の審議会・委員会」が80%を超える。また，国立大学では「国際貢献」「技術支援・技術相談」なども採用率が高い。

　2014年度調査で新たに調査アンケートの回答に加わった項目として，研究活動における「論文掲載誌のインパクトファクター」「論文・総説の被引用」，教育活動における「学生の生活・履修指導」「教育改革関係の報告書の執筆」，管理・運営における「入試・学生募集活動」，社会貢献活動における「アウトリーチ活動（公開講座等）」がある。インパクトファクターを項目として利用する国立大学は45%に上り，公立大学の30%，私立大学の24%に比べると高い。また論文・総説の被引用の利用率も，公立大学の9%，私立大学の8%に比べると，国立大学は32%と大きな差がある。

　インパクトファクターや論文の被引用件数が多く用いられているのは，クラリベート・アナリティクス社の引用索引データベースWoSやエルゼビア社のスコーパス（Scopus）を用いることで，定量的な情報の収集と評価がしやすいためであろう。しかし，もともと図書館が購読すべきジャーナルを選

表 5-1　評価分野と評価項目

評価領域	評価項目
研究活動	成果の学術的価値，成果がもたらす社会・経済・文化的な効果の価値，論文・総説，論文掲載誌のインパクトファクター，論文・総説の被引用，報告書の執筆，専門書籍の編集・執筆，学会発表・講演，学会活動（役職等），特許・実用新案の出願・登録・ライセンス，ノウハウの創出，外部からの賞・表彰，競争的資金など外部資金の獲得
教育活動	講義・演習担当数，学生による授業評価，教科書等の執筆，研究室・ゼミの学生の指導，博士学生の育成数，学生の生活・履修指導，教育改革関係の報告書の執筆
管理・運営	役職，入試・学生募集活動，部局（内部組織）の設置趣旨に即した特定業務（教育・研究以外）の実績
社会貢献活動	生涯学習支援等，学外の審議会・委員会，診療活動・医療活動・教育臨床，マスコミ投稿・掲載・出演，国際貢献，技術支援・技術相談，アウトリーチ活動（公開講座等），その他

（出所）三菱総合研究所（2008; 2015）に基づき筆者作成。
（注）下線部は，2014 年度の調査で追加された項目である。

定するための指標として考案されたインパクトファクターを，個人の研究業績の評価に用いることについては多くの批判がある（根岸 1999；逸村・池内 2013）。論文の被引用についても，研究成果の出口が必ずしも英語のジャーナル論文ではない人文・社会科学分野では，そもそも自然科学と同じ指標を利用することで，分野によって偏りが生じる問題点が指摘されてきた。第 1 期国立大学法人評価の各大学の学部・学科を代表する研究業績を分析した林と土屋によれば，各大学が提出した研究業績のうち，WoS の収録率は，医歯薬学分野は 98% だが，人文学では 2%，社会科学では 19% にとどまる（林・土屋 2016）。

（5）評価結果の活用状況

業績評価の結果の活用状況について，嶌田・奥田・林の調査によれば，国公私立大学を問わず「給与」「賞与」への一定程度の活用がみられる。2014 年度調査では，国公私立大学全体でみると，雇用形態別に「任期なし教員（月給制）」では「賞与・一時金・報奨金」への評価結果の活用が 45%，「任期なし教員（年俸制）」では「給与」への活用が 65% となっている。また，「任期付き教員（月給制）」は「賞与・一時金・報奨金」（45%），「雇用継続・任期

延長」（38%）への活用が多く，「任期付き教員（年俸制）」は「給与」（65%），「雇用継続・任期延長」（40%）への活用が多い[3]。しかし「昇任」については，私立大学の 36.3% が活用している一方，国立大学では 3.4% にとどまり，今後も「利用しない・未定」と回答した割合は 51.7% に上る。評価結果の給与・賞与への反映は進んでいるものの，多くの大学においては，業績評価と人事考課がそれほど連動していない様子がうかがえる。

「スペースの配分」「基礎的研究費の配分」「教員の一部業務の免除」「学内・研究所内の表彰・賞」への活用は，国公私立大学のいずれもが消極的である。法人化後の各国立大学では，人件費削減により常勤教員数が減っていることに加え，近年は教育改革の影響により，教員は，教育活動や，業績評価や科研費の申請にかかる事務作業などの時間が増え，研究時間が減少している。実際，科学技術政策研究所の調査によれば，国立大学教員全体の研究時間は，2002 年度の 50.9% から 40.1% に減少している。さらに旧帝大とその他の国立大学を比べると，前者の教員の研究時間は 47.6% だが，後者では 38.3% となっており減少幅が大きい（科学技術政策研究所 2013）。給与・賞与への反映を除けば，研究費や研究時間の優遇などに結びつかない業績評価は，教員のモチベーション向上につながりにくいと考えられる。

また業績評価では，評価項目の設定の難しさも指摘されてきた。日本では各大学により実施される業績評価の方法が異なるが，教育活動や大学付属病院等で教員が行う臨床活動の評価は何をもって評価するかが難しく，研究活動においても人文・社会科学分野ではどう評価項目を設定するか，個々の大学がそれぞれ設定することは難しい（日本学術会議 2012）。

(6) 業績評価の今後の動向

前項でみたように，これまで業績評価は人事考課や研究環境にそれほど反映されていかなかったが，文部科学省は 2019 年度から人事給与マネジメント改

---

3) 2013 年 11 月の「国立大学改革プラン」において，各大学の改革の取組みへの重点支援の際に年俸制の導入が条件とされたことから，年俸制の導入が国立大学で進んでいる。

革の実施を各国立大学に促している。文部科学省が 2019 年 2 月に出した「国
立大学法人等人事給与マネジメント改革に関するガイドライン」は，国立大
学の教育研究力の強化と発展のためには，組織の礎である教員が高い意欲を
維持することが不可欠であるとし，業績評価をそのための重要なツールと位
置づけ，その結果を適切に処遇などに反映させ，教員のモチベーションの向
上を図るべきであるとしている（文部科学省 2019）。この改革では，年俸制
の導入をさらに進め，業績評価とその処遇への適正な反映を徹底すること，
教員の基本給を圧縮して業績給を拡大すること，などが国立大学に求められ
ている。年俸はおもに固定的な給与である基本給と業績評価により決定する
業績給からなるが，改革では，評価結果がプラス評価の場合は業績給が増額
され，マイナス評価の場合は減額されるような反映方法も想定されている。

　2017 年 10 月現在ではすべての国立大学が業績評価を実施しているが（文
部科学省 2018a），今後は，業績評価の結果をより積極的に教員個人と組織の
パフォーマンス向上に活用するため，給与や処遇により反映する制度の整備
が国立大学で進むと考えられる。

4-2. 科研費審査としての研究評価

　科研費は人文・社会科学から自然科学までの全分野にわたり，基礎から応
用までのあらゆる学術研究を格段に発展させることを目的とした，研究者個
人と研究グループに対する「競争的研究資金」である。採択にあたってはピ
アレビューによる審査により助成対象を決定する。1999 年度からは，科研
費の規模の拡大に伴い，公募・審査・交付といった実務業務を文部省（現・
文部科学省）から日本学術振興会に移管した。

　助成の対象となる研究種目には，基盤研究（S・A・B・C），特別推進研究，
新学術領域研究，挑戦的研究，若手研究，研究活動スタート支援，奨励研究
などがあり，助成期間はおおむね 3 年から 5 年である（種目により 1 年，2 年，
6 年などもある）。

　科研費予算は，1997 年度には 1000 億円規模であったが，科学技術創造立

国政策のもと順調に増加し，1996年度の1018億円から2014年度は2305億円へと約2.26倍に拡充されている。その一方で新規応募件数も，1996年度からこれまで長期にわたり増加してきた。2018年度の新規応募件数は10万3672件，前年度よりも2.4%（2425件）増加している（文部科学省2018b）。

　審査方法は2018年度に大きく変わっている。2017年度までは，321の研究細目（さらにキーワードにより432に細分化）で公募・審査を行い，書面審査，および書面審査とは異なる審査委員が実施する合議審査の2段階方式であった。しかし，日本の学術研究にとって新たな知の開拓に挑む「挑戦性」の追求が最重要課題であること，その一方で，交付金削減による大学教員の内部研究資金が縮減し，研究時間も減少，短期的成果をめざした研究が増加するといった現状をふまえ，科研費を学術の枠組みの変革・転換を志向する挑戦的な研究を積極的に支援する仕組みとするため，審査システム改革の見直しを行うこととした（山本2016）。

　この結果，2018年度からは，細目を廃止し，新たな審査区分と審査方式を採用した。大区分（11）・中区分（65）は「総合審査」方式を採用した。「総合審査」では，個別の小区分にとらわれることなく審査委員全員が書面審査を行ったうえで，同一の審査委員が幅広い視点から合議により審査を行う。また，審査のコメントをフィードバックすることにより，研究計画の見直しにつながるようにした。小区分（306）は，従来の「2段階書面審査」方式を効率化し，同一の審査委員が電子システム上で2段階にわたり書面審査を実施し，採否を決定する仕組みに変更した。これにより，審査者自身も他の審査委員の評価をふまえ，自身の評価結果の再検討できるようになるほか，合議審査のための会議開催を省くことで審査を効率化した。

　科研費事業は，これまでも2001年度に間接経費を導入したり，2011年度には科研費の基金化を図ったりするなど，日本の大学をとりまく研究環境の実態と問題点をふまえ，それへの対応措置として変更を行っている。それ自体は学術振興の観点から適切な改革であるといえる。しかし，科研費の採択率は全体で2018年度には24.9%まで下がり，年々競争が激しくなっている（文

部科学省研究振興局 2018)。交付金が年々減少し，科研費を獲得しなければ研究費を確保できないなか，研究者が継続的かつ安定して研究活動を行える環境が整えられているとはいいがたく，この状況で日本全体の研究力の向上が果たして図られるのかと疑問に思わざるをえない。

おわりに

　日本の大学評価制度は，被評価者である大学自らがその卓越性を証明するための根拠資料を作成する仕組みをとっており，かつ複数の評価制度が存在するため，大学側に負担の大きい制度となってきた。さらに国立大学法人評価にあっては，原則法人の運営に当てられる交付金は削減係数により毎年減額されてきた。他方，評価結果に基づく資金配分額は極めて小さく，交付金削減分を補填するには不十分で，そのうえでさらに「選択と集中」による競争的外部資金の配分の拡充が行われてきた。日本の大学財政は，イギリスや香港などと同様に，教育研究活動の基盤的経費となる交付金と競争的・外部資金からなるデュアルサポートシステムを原則としてきたが，現在このシステムは基盤的経費である交付金を削って，その分「選択と集中」により競争的外部資金を増やすシステムとなってしまっている。このため，大学は負担の多い評価に疲弊し，財政基盤の不安定化にさらされ，研究機能が低下している。当然ながら大学で研究を行う教員の研究費も縮小し，継続的に研究を遂行できる環境が整えられているとはいいがたい。さらに教員は，教育活動や業績評価への対応，科研費の申請などに時間をとられ，研究時間も減っている。

　しかし政府には，この政策の方向性をしばらく見直す意向はないようにみえる。財務省の財政制度等審議会が「平成 31 年度予算の編成等に関する建議」（2018 年 11 月 20 日）において，「評価に基づいて配分する額を運営費交付金のまずは 10％ 程度，1000 億円程度にまで拡大する」との提案を行い，この

提案はそのまま政府予算案として閣議決定（2018 年 12 月 21 日）されたからである。

　第 5 期「科学技術基本計画」（2016 ～ 2020 年度）では，現代社会において遺伝子診断，再生医療，AI などの科学技術を社会に実装するにあたって倫理的・法制度的な側面から検討すべき事例が増え，今後は人文・社会科学分野が参画する研究を進めるべきことが言及されている。しかし，日本の学術政策は自然科学分野に偏っており，人文・社会科学分野はこれまで軽視されてきた。そのため，日本の国立大学における人文・社会科学分野の研究は量的な弱さと，国際的な発信面での弱さを抱えている（林・土屋 2016）。そのうえでさらに，政府の要請する教員養成系や人文・社会科学系の学部・大学院の見直しなどが進む。

　日本学術会議が「学術の総合的発展をめざして——人文・社会科学からの提言——」（2017 年 6 月 1 日）で提起するように，今後日本がとるべき政策の方向性は，自然科学分野と人文・社会科学分野の両方を含む学術全体を視野に入れた国の総合的学術政策を策定し，大学の基礎的な体力を確保したうえで，競争による資金配分を行い，日本全体の研究力を高めていくことではないだろうか。

〔参考文献〕

逸村裕・池内有為 2013.「インパクトファクターの功罪 ——科学者社会に与えた影響とそこから生まれた歪み——」『化学』68（12）: 32-36.
旺文社教育情報センター 2010.『22 年度国立大学法人運営費交付金——第 1 期中期目標の評価結果を反映——』旺文社教育情報センター. http://eic.obunsha. co.jp/resource/topics/1004/0401.pdf
—— 2015.『27 年度国立大学法人運営費交付金』旺文社教育情報センター. http://eic.obunsha.co.jp/resource/pdf/educational_info/2015/0513_02k.pdf
—— 2016.『28 年度国立大学法人運営費交付金』旺文社教育情報センター. http://eic.obunsha.co.jp/pdf/educational_info/2016/0516_1.pdf

関喜比古 2010.「大学評価制度充実に向けての一考察——評価する側・される側——」『立法と調査』(307)：84-97.

科学技術・学術政策研究所 2018.『日本の科学研究力の現状と課題』NISTEP ブックレット -1（ver.5）．科学技術・学術政策研究所．https://doi.org/10.15108/nb1.ver5

科学技術政策研究所 2013.『日本の大学における研究力の現状と課題』NISTEP 科学技術・学術政策ブックレット Ver 1．科学技術政策研究所．http://hdl.handle.net/11035/2456

国立大学協会 2007.『国立大学法人計画・評価ハンドブック——次期中期目標・中期計画策定のために——』国立大学協会.

嶌田敏行・奥居正樹・林隆之 2009.「日本の大学における教員評価制度の進捗とその課題」『大学評価・学位研究』(10)：59-78.

酒井正三郎 2017.『大学側からみた認証評価制度の課題と今後の在り方について』http://www.mext.go.jp/b_menu/shingi/chukyo/chukyo4/043/siryo/__icsFiles/afieldfile/2017/10/20/1397540_2.pdf

下條文武 2017.『今後の認証評価制度国立大学法人評価との兼ね合いを踏まえて：評価側委員経験者としての意見』http://www.mext.go.jp/b_menu/shingi/chukyo/chukyo4/043/siryo/__icsFiles/afieldfile/2019/01/21/1397540_3.pdf

総務省統計局 2018.『科学技術研究調査——調査の結果——』総務省統計局．https://www.stat.go.jp/data/kagaku/kekka/index.html

大学評価・学位授与機構 2014.『高等教育分野における質保証システムの概要——日本——』第 2 版．http://www.niad.ac.jp/n_kokusai/info/japan/overview_jp_j_ver2.pdf

竹内健太 2019.「国立大学法人運営費交付金の行方——「評価に基づく配分」をめぐって——」『立法と調査』(413)：67-76.

田中弘允・佐藤博明・田原博人 2018.『検証 国立大学法人化と大学の責任——その制定過程と大学自立への構想——』東信堂.

中央教育審議会 2016.『認証評価制度の充実に向けて（審議まとめ）』http://www.mext.go.jp/b_menu/shingi/chukyo/chukyo4/houkoku/__icsFiles/afieldfile/2016/03/25/1368868_01.pdf

戸澤幾子 2011.「高等教育の評価制度をめぐって——機関別認証評価制度と国立大学法人評価制度を中心に——」『レファレンス』(720)：7-28.

豊田長康 2019.『科学立国の危機——失速する日本の研究力——』東洋経済新報社.

日本学術会議 2012.『提言 我が国の研究評価システムの在り方——研究者を育成・支援する評価システムへの転換——』日本学術会議.

日本学術振興会 2015.『科学研究費助成事業 2015（平成 27 年）新たな知の創造 世界をリードする知的資産の形成と継承のために』http://www.jsps.go.jp/

j-grantsinaid/24_pamph/data/pamph2015.pdf

根岸正光 1999.「研究評価とビブリオメトリックス」『情報の科学と技術』49（11）: 544-549.

林隆之 2010.「大学の研究評価の変容と科学研究のガバナンス」『研究 技術 計画』24（3）: 231-242.

――― 2017.「研究評価の拡大と評価指標の多様化」『情報の科学と技術』67（4）: 158-163.

――― 2018.「大学評価の現場における人文・社会科学の研究評価の現状」『学術の動向』23（10）: 16-23.

林隆之・土屋俊 2016.「学問分野による「卓越性」指標の多様性――多様な研究成果への報償の必要――」石川真由美編『世界大学ランキングと知の序列化――大学評価と国際競争を問う――』京都大学学術出版会.

細井克彦 2007.「大学評価の制度展開とその問題」『教育学論集』（33）: 1-12.

――― 2018.『岐路に立つ日本の大学――新自由主義大学改革とその超克の方向――』合同出版.

三菱総合研究所 2008.『効果的・効率的な研究開発評価及び研究者等個人の業績に関する評価の先進事例に関する調査・分析報告書――研究者評価編――』文部科学省. http://www.mext.go.jp/component/a_menu/science/detail/__icsFiles/afieldfile/2010/08/23/1296567_1_1.pdf

――― 2015.『研究者等の業績に関する評価に関する調査・分析報告書』文部科学省. http://www.mext.go.jp/component/a_menu/science/detail/__icsFiles/afieldfile/2015/05/20/1357995_01.pdf

文部科学省 2010.『国立大学法人化後の現状と課題について（中間まとめ）』文部科学省. http://www.mext.go.jp/a_menu/koutou/houjin/__icsFiles/afieldfile/2010/07/21/1295896_2.pdf

――― 2018a.『人事給与マネジメント改革の動向及び今後の方向性』文部科学省. http://www.mext.go.jp/b_menu/shingi/chukyo/chukyo4/043/siryo/__icsFiles/afieldfile/2018/08/03/1407795_5.pdf

――― 2018b.『平成30年度科学研究費助成事業の配分について』文部科学省. https://www.jsps.go.jp/j-grantsinaid/27_kdata/kohyo/data/h30/01/0-1.pdf

――― 2019.『国立大学法人等人事給与マネジメント改革に関するガイドライン――教育研究力の向上に資する魅力ある人事給与マネジメントの構築に向けて――』文部科学省. http://www.mext.go.jp/component/a_menu/education/detail/__icsFiles/afieldfile/2019/03/11/1289344_001.pdf

山本智 2016.『科学研究費助成事業（科研費）審査システム改革2018』文部科学省. http://www.mext.go.jp/component/a_menu/science/detail/__icsFiles/afieldfile/2016/04/28/1370488_01_1.pdf

執筆者一覧（執筆順，所属は 2020 年 2 月 29 日時点）

佐藤　幸人（アジア経済研究所研究推進部）

二階　宏之（アジア経済研究所学術情報センター）

アブドゥル・ハミッド（インドネシア／スルタン・アグン・ティルタヤサ大学）

アラップ・ミトラ（インド／経済成長研究所および南アジア大学）

狩野　修二（アジア経済研究所学術情報センター図書館情報課）

岡田　雅浩（アジア経済研究所学術情報センター成果出版課）

澤田　裕子（アジア経済研究所学術情報センター）

マルヨライン・ファン・グリータイゼン（オランダ／グローバル・サイエンティフィク・ビジネス・イノベーション）

岸　真由美（アジア経済研究所学術情報センター）

［アジ研選書 No.55］

東アジアの人文・社会科学における研究評価
―制度とその変化―

2020 年 3 月 17 日発行　　　　　　定価［本体 2,600 円＋税］

編　者　　佐藤　幸人
発行所　　アジア経済研究所
　　　　　独立行政法人日本貿易振興機構
　　　　　千葉県千葉市美浜区若葉 3 丁目 2 番 2　〒 261-8545
　　　　　学術情報センター　　電話　043-299-9735（販売）
　　　　　　　　　　　　　　　FAX　043-299-9736（販売）
　　　　　　　　　　　　　　　E-mail　syuppan@ide.go.jp
　　　　　　　　　　　　　　　http://www.ide.go.jp

印刷所　　株式会社丸井工文社

（表示価格は本体価格です）

No.	書名・副題・編著者・刊行年・頁・価格	解説
55	**東アジアの人文・社会科学における研究評価** 制度とその変化 佐藤幸人編　　2020 年　207p. 2600 円	研究をどう評価すべきか。たとえば，本 1 冊と論文 3 本では，どちらを高く評価するのか。こうした問題に興味をもつならば，本書から東アジアの人文・社会科学の取組みを知ってほしい。
54	**マクロ計量モデル** その利用と応用 植村仁一編　　2020 年　184p. 2300 円	マクロ計量モデルを中心としたシナリオ分析例を紹介し，発展段階の異なる経済への応用の一助とする。また，東アジア貿易リンクモデルを用い，昨今の米中情勢がもたらす同地域への影響を展望する。
53	**現代フィリピンの法と政治** 再民主化後 30 年の軌跡 知花いづみ・今泉慎也著　2019 年 182p. 2300 円	アジア諸国における民主化運動と憲法改革の先駆けとなったフィリピンの 1987 年憲法の制度設計と政治・社会との関係の考察を通じて，フィリピンの政治と法の課題を探る。
52	**21 世紀のフィリピン経済・政治・産業** 最後の龍になれるか？ 柏原千英編　　2019 年　186p. 2400 円	「アジアの奇跡」に乗り遅れたフィリピンは，約 30 年遅れて「最後の龍」になれるだろうか。近年，活況を呈する同国の 2000 年代以降における経済・政治・産業を概観・解説する。
51	**アジアの障害者のアクセシビリティ法制** バリアフリー化の現状と課題 小林昌之編　　2019 年　207p. 2600 円	障害者がほかの者と平等に人権および基本的自由を享有するための前提条件であるアクセシビリティの保障について，アジア 6 カ国の法整備の実態を分析し，課題を明らかにする。
50	**習近平「新時代」の中国** 大西康雄編　　2019 年　214p. 2600 円	2 期 10 年の慣例を超えた長期政権を目指す習近平政権は，多くの課題に直面してもいる。本書では，諸課題の分析を通じ，政権が「新時代」を切り拓くための条件を展望する。
49	**不妊治療の時代の中東** 家族をつくる，家族を生きる 村上 薫編　　2018 年　245p. 3100 円	男女とも「親になって一人前」とされる中東。不妊治療が急速に普及する今，人々は家族をどうつくり，生きようとしているのか。宗教倫理・医療的背景とともに，その営みを描く。
48	**ハイチとドミニカ共和国** ひとつの島に共存するカリブ二国の発展と今 山岡加奈子編　2018 年　200p. 2500 円	カリブ海に浮かぶイスパニョーラ島を分け合うハイチとドミニカ共和国。日本ではほとんど知られていない両国は，開発と経済発展，個人独裁の歴史，国民の生活水準，貧困と格差，大国の介入といった点で，共通点と際立った差異の両方を見せている。中米・カリブの専門家によるパイオニア的研究書。
47	**マクロ計量モデルの基礎と実際** 東アジアを中心に 植村仁一編　　2018 年　204p. 2600 円	分析手法としてのマクロ計量モデルの歴史，構築のイロハから各国での活用例，大規模モデルへの発展まで，東アジアを中心として解説する。また，今後同地域が直面していくであろう高齢化といった問題に踏み込む試みも行う。
46	**低成長時代を迎えた韓国** 安倍 誠編　　2017 年　203p. 2500 円	かつてのダイナミズムを失って低成長と格差の拡大に苦しむ韓国の現在を，産業競争力と構造調整，高齢化と貧困，非正規雇用，社会保障政策の各テーマを中心に描き出す
45	**インドの公共サービス** 佐藤創・太田仁志編　2017 年　259p. 3200 円	1991 年の経済自由化から 4 半世紀が経過した今日，国民生活に重要なインドの公共サービス部門はどのような状況にあるのか。本書では飲料水，都市ごみ処理等の公共サービスの実態を明らかにし，またその改革の方向を探る。